臺灣名人傳記漫畫

巴克禮

【臺文版】

蠹羊——編、繪
臺文翻譯——陳豐惠、李盈佳、薛翰駿

目錄

註1：本書採用教育部公告的臺灣閩南語推薦用字和臺羅系統。

附錄

審定序

推薦序

我雖然行過死蔭的山谷，
也毋驚災害，
因為你佮我佇咧；
遮的是阮逐家的公秉帖……
請願書
兩團貼貼的日本軍……
個閣貼公告講欲用砲攻擊臺南！
你的槌、
你的枴，安慰我……

佇我對敵的面前…
拜託矣！巴牧師！
請你救阮逐家！阮攏愛靠你矣！
…我的杯滿出來
我才無愛去日本軍遐！
揣死喔？起痟矣！
無愛做矣無愛！
咱已經離開府城一段路矣，敢猶會堪得？巴克禮牧師。
無問題，宋忠堅牧師。

雖然感覺不安，毋過這是上帝予咱的試煉，
兩師團的日軍就欲來矣！
劉永福的人攏走了了矣啦！
領事館講個咧欲用砲攻擊臺南！
請你救府城啦，巴克禮牧師！
請替阮去佮日軍交涉！
我相信祂一定有安排。

I

適合行山路的躼跤的

一八八五年・屏東二崙
只要……
上帝一定會
……全心全意
……就會得救。
湯瑪仕・巴克禮（三十六歲）
開門！
我知影恁信耶穌的攏佇內面！
害矣……個欲來揣麻煩矣！
我來佮個講啦，恁細膩，莫著傷。
巴牧師……
無要緊，個毋敢傷害外國人。

我相信若好好仔
坐落來講……
就是這个
紅毛番！
阮才無愛
基督教！
若毋死出去
就予你好看！
…屎？
本底叫是，
佇臺灣傳教
欲十冬矣。
袂閣拄著
這款代誌——
慢且！

佇代誌變甲閣較害進前，請予我先紹介家己一下。
這个反應誠細呢，會使講差不多完全袂過電。
咱閣來試另外一个介質，
這擺試的是——
我是湯瑪仕·巴克禮，對英國的蘇格蘭來，
彼時電學當咧開始發展，逐家攏真有趣味，
哇啊！
啪
有要緊無？約翰！
我佮汲約翰替湯普森教授記錄各種數據，
HA HA HA HA HA HA HA
目的是探討按怎測量各種介電質的感應數據。

這份研究報告致使阮的名予大英百科收入內底，
當時，阮和另外一个朋友馬啟辰，予人號做「格拉斯哥三傑」。
巴克禮，你嘛咧欲畢業矣，敢真正毋考慮綴我研究電學？
科學是未來一世紀的趨勢呢！
我相信，嘛真感謝湯普森教授遮爾致重我。
猶毋過我已經決定共家己獻予上帝矣！
十六歲彼冬，我決定轉去故鄉做牧師。

毋過彼當陣各國的教會拄好開始向東方發展，
派出大量宣教師拓展海外的教會，
我本底是反對的，想欲留佇故鄉蘇格蘭……
蘇格蘭和英格蘭加起來的牧師比是異教徒世界的十七倍！
蘇格蘭的牧師數，一人若欲照顧一百人；海外比例就愛到四五萬人遐濟！
你敢捌想過，Formosa這个有濟濟蠻族的所在，
干焦四、五个宣教師咧拍拚？
海外派仝沿的遮的話予我的看法改變，
東方的清國，佇阮心目中是非常神祕、充滿未知……
佃佇野人當中閣會當創啥？
自按呢，改換心意的我和汲約翰同齊申請去清國做宣教師。

彼當陣Formosa是清國咧治理。
汲約翰，欲去清國的汕頭，
巴克禮就負責Formosa。
愛分開矣呢……
想袂到你會予人分去Formosa，
我真正無聽過彼个所在呢。
CHINA
FORMOSA
我干焦知影彼个所在有足濟山，
凡勢因為我是躼跤的，適合行山路，才共我分配去Formosa！
有可能喔，哈哈哈！

淋
淋
這就是我來到Formosa進前的——
啊啊啊巴牧師！
請毋通按呢！
海外派所講的有影無毋著，
恁實在是……

有這款和蘇格蘭仝款的想法是毋著的……
真正是浪費大肥，種稻仔的時會用著的啊。
啥？
無你的代誌啦！
袂當傷害外國人！
按呢就拍遮的信耶穌的！
恬！莫按呢！
呀啊！
紅毛番仝歹人！
厝主咧？
共揣出來拍予伊死！
和我往過所認捌的世界完全無仝
我想，這就是上帝予我的試煉……
I 適合行山路的躼跤的 end

護照

道臺（官府）發的官方文件。
十九世紀中了後，清國佮西方各國簽訂合約，護照制度沓沓完備，通予來傳教和旅行的外國人通行抑是方便聯絡地方官。
護照的形式足多樣，像加拿大長老教會的吳威廉牧師，就捌提過彰化縣知縣發的三十公分護照……

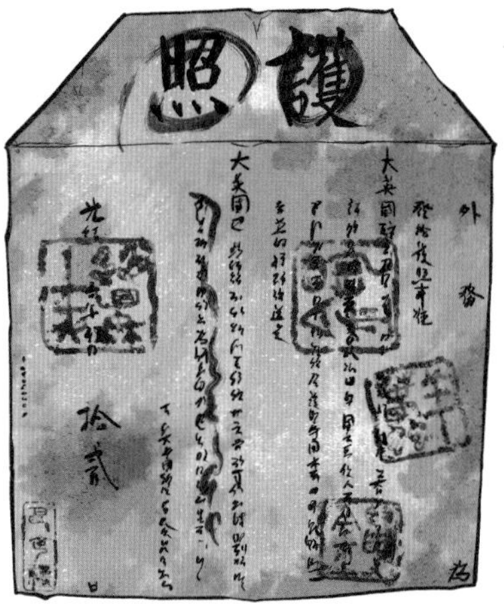

II

一直迒袂過的彼个戶模

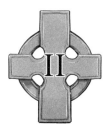

唉……
佳哉護照藏佇睏衫的腰帶內底無予人搶去。
牧師你敢有要緊？
無代誌，我坐一下……
……
想袂到猶會拄著這款代誌……
莫走！
共護照交出來！
都離開矣閣逐來……
佳哉邊仔的作田人有來鬥相共……
真正是意外……
但是錶仔佮錶鍊予人搶去矣……

教會這二十冬來一直派人來臺灣，
毋過無論是前輩抑是我，到今攏猶閣予臺灣人當做敵人……
教堂予人拆、予人趕出城外……
想袂到今仔日連潑屎都出現矣……
毋過，牧師恁一直無放棄阮遮的信徒啊！
啊，是……

前輩佃用家己所學的來想辦法增加信徒，
替病人治病來得著好感，進一步得著信任……
紅毛番猶會予逐家通趁錢的藥仔～
雖然嘛因為按呢收著袂少為利益來的信徒，
卯死矣！
毋過我來到臺灣了後會當遮爾仔順利……
攏是因為有前輩用專長所拍的基礎。
想袂到猶會拄著遮爾譀的代誌……
我實在傷過天真矣……

巴克禮牧師，有較爽快矣無？
嗯……
呼
呼
本底叫是抂來臺灣彼段日子就是上艱苦的……
臺灣的穢氣對今仔來的人來講是真大的考驗啊！
萬巴德醫生
無遐燒矣……
請加歇睏，毋通勉強。
打狗・旗後
這馬真濟漢人會來這間醫生館求助，會使講是真安全。
請你安心調養，才閣為上帝做工。
無要緊，趁這个機會先共語言學起來嘛會用得。
歹勢……我都猶未鬥相共著，就先破病矣……

當時漢醫有用番膏來做藥仔，番膏就是原住民的肉。

一八六八年，左營，莊清風成做第一位殉道的信徒。

總講一句，請你先安心調養，
身體若無好，欲按怎做工課咧？
是。
落尾，我佇眠床頂倒四個月才原全。
我綴漢學先學一寡仔漢文。
……
……
……
總算會當開始做我的工課矣！
Formosa人啊！恁敢有聽過福音？
福音？（客話）
啥？（排灣族語）
又閣一个紅毛番。（泰雅語）
伊講啥？（鄒族語）
隨就發現干焦會曉漢文根本完全無夠用。
……

雖然定定坎坎坷坷，
嘛猶是真拍拚做工到今。
做研究的我袂曉醫術，
自然無法度和前輩仝款，靠做醫生真緊增加信徒……
毋過我嘛真相信……
上帝派我來到遮，定著是因為我會當做寡代誌！

雖然這改事件有影予我真感心，
毋過我袂放棄。行，轉來去府城！
巴牧師！
我是英國長老教會派來Formosa的第五位宣教師——湯瑪仕・巴克禮，
無論拄著啥物撞突，我攏著愛堅持落去，為後壁的人鋪路……
這嘛是為著臺灣！
II 一直迒袂過的彼个戶模 end

懷錶佮錶鍊

巴克禮佇佮逐來的庄內人摸搦過程落去，因為通常干焦宣教師有機械錶這款高級的物件，真偲變賣，後來清國官員共物件還予巴克禮。

萬榮華校長嘛是因為全校干焦伊有錶仔，著愛由伊負責摃鐘。

III

為著予臺灣人會當「讀」

啊，牧師勢早！
伊就是彼个紅毛番喔？
逐家好，恁敢是咧割稻仔？
著啊，逐家做伙做較緊！
紅毛的欲做伙食飯無？
哈哈我拄食飽，多謝恁！
逐家辛苦囉！
信徒會叫我「牧師」，
毋是信徒的，大部份攏叫我「紅毛番」，
毋過其實「紅毛番」起頭毋是咧叫阮遮的英國人……

長老教會嘛毋是頭一个來臺灣傳教的教派，
十七世紀的時捌有三十七位荷蘭宣教師來臺灣，了後猶閣有西班牙的……
毋過鄭成功趕走荷蘭人了後，
鄭
傳教工課嘛綴咧結束。
啊信仰就親像草仔枝，
嚓
宣教師一下離開……
就會予人掛根挽起來，一切著愛對頭來。

「紅毛番」這个名號就是上大的關鍵！
佮面模仔較深、頭毛色特殊的西方宣教師相比，
Formosa人閣較相信仝文化仝種族的東方人。
進前我有𤆬過一个Formosa人。
逐家好我是李豹。
我改信耶穌矣！
逐家莫閣拜偶像啦！
你按呢講咱隨會予人趕出去啊！
我予伊試分享家己的經驗予Formosa人聽。

你這个背骨的！信啥物阿啄仔神？
你的祖先啥人來拜啊？
請逐家先冷靜聽我講！
我本底是一个輸甲褪褲的筊跤！

《吳文水佮李豹的故事》

我徛佇邊仔觀察個之間互動的變化，
是這个宗教……
……
效果超過想像的好。

若訓練漢人傳教師，按呢基督教就有機會真正佇本地釘根！
收跤洗手足久啦！
彼以早足愛耍！這馬無耍矣！
有影？十八啦？
就算有一工咱予人趕走矣，基督嘛通留落來。

啊這煞是上大的問題。
青盲牛9成以上!!
讀書捌字都無法得，閣較免講讀聖經……
有影佮英國完全倒反……

當時英國捌字的大概八成。

漢字傷過複雜，普通時作田無閒的人根本無法度學習……
我嘛無學蓋好。

毋過這嘛是Formosa的特色……
多元語言和複雜的族群，
逐家攏佇這塊島嶼拍拚生活。

予無受教育的平民會曉讀經，
作田人會直直講伊的故事……
任何族群的囡仔攏通唱歌！
建立佇通滿足遮的需求的「簡單語言」，
就是通予教會真正落地釘根的石磐！

就按呢，一八七八年，也就是我來臺灣的第三年，

我就開始推動「簡單語言」的教育工作。

以簡單的ABC做基礎的拼音文字「白話字」。

A-men 阿們

Iâ-hô-hoa 耶和華

Goán 阮

an-hioh-ji̍t 安息日

Kiáⁿ-chú

Góa 我

Siōng-tè 上帝

Thiⁿ-téng 天頂

lāu-pē 老父

lāu-bú 老母

M̄-thang 毋通

Chhù-piⁿ 厝邊

gû 牛

bó͘ 某

只要會曉聽、會曉講，就通讀有！

若聽著無聽過的詞，我就會隨記錄落來，

來予這个語言閣較完整。

SIŌNG-TÈ CHÁP-TIÂU KÀI
6. M̄-thang hāi-sí lâng.
7. M̄-thang kiâⁿ kan-îm.
第一條，敬拜獨一真神……
有影讀會出來！
來教會會當學白話字喔！
敢有影，聽有就會曉讀？
當然……！
啪！
啥物白話字啊！你這个紅毛番！
漢文敢是這款淺薄的語言！
恁阿啄仔學者哪會遮爾假勢？
你舞這个啥物白話字完全失去漢文的意義矣！

這款人竟然自稱學者？
有影無救矣！
巴牧師……
……
你敢看有這頂面寫的物件？
啊，是，完全看有！
按呢就好！
小等轉去我教你讀聖經啦！
好！
臺灣的智識份子個攏足看袂起白話字，
甚至連帶看袂起我，毋過我若想著會當予逐家「讀」……
我就袂要意遮的批評矣。

紲落來這兩題有誰會曉算？
9×1=
8×3=
九！
我嘛親身負擔教育的責任，
二十四啦喔？
三十六！
才毋是二十四咧！
英國長老教會一向有真好的牧師傳道團隊，
遮的優秀的人才攏對「神學院」出來的，
佇英國，通常是指大學這種高等教育，
毋過彼是佇英國。

三个八加起來是偌濟？
三十八啊！
二十四啦！
二十六！
……
神學院的第一批學生攏無受過初級教育。
就算其中有人會曉讀儒家經典，
灼灼其華……
敢有影?!臺灣！這就是臺灣的形喔？
世界哪有可能是圓的？
清國敢毋是世界的中心？
……
煞對天文地理數學完全袂曉。
所以，為欲建立神學院，
阮有小可改建醫生館。
請搬入來——

予一切看起來沓沓有一个形矣。
著矣先的，你敢有看過火金蛄？
昨昏阮有看著喔！
火金蛄敢是一種女性？
毋是。
請共我講，我記落來！
伊是一種蟲……
我的臺語嘛因為佮學生做伙愈來愈輾轉。
由我擔任校長，其他牧師門相共支援各科目，
建立神學院的過程予我足歡喜，
甘為霖
宋忠堅
逐家攏付出家己的專長，做伙拍教會釘根的基礎。

佇遠遠英國的前輩嘛無共臺灣放袂記…
馬雅各前輩！實在有夠感謝你捐的印刷機啊！
臺灣猶無活版印刷的設備抑技術！真正足需要！
哈哈，我聽著你咧推白話字的時就感覺你會需要！
馬雅各（四十五）第一位來臺灣的長老教宣教師
一八八一年・英國 巴克禮（三十二）
有影！以後就通家己印教材矣！
小等，巴克禮你應該是轉來休假的喔？
著！我隨就來去學印刷技術！
無啦，你上無先轉去厝歇睏啊……

一八八一年，我頭一擺放假轉去到英國，
有開寡時間佇格拉斯哥的印刷廠，
雖然是放假期間，
毋過我若想著，轉去臺灣了後就通印出閣較濟的白話字刊物……
我就擋袂牢閣較投入去學。
歹勢！我傷晏到啦！
我無細膩開傷濟時間佇印刷機！
啊？印刷機？
真難得巴克禮會晏到呢。
HA
HA
著！我若學會曉印刷術，轉去臺灣了後就通家己印矣！
小等，你是轉來放假的乎？巴克禮！
猶是仝款痟工課呢！
HA
HA
HA
HA

一八八四年・臺南
喀
唰
CHÚ Ê KÎ-TÓ-BÛN
Goán tī thiⁿ --nih ê Pē,
Goān Lí ê miâ sèng,
Lí ê kok lîm-kàu,
Lí ê chí-ì tit chiâⁿ, tī tōe--nih chhin-chhiūⁿ tī thiⁿ --nih.
Goán ê ji̍t-si̍t kin-á-ji̍t hō͘ goán.
Sià-bián goán ê kơ-hū,
Sià-bián goán iā ū sià-bián kơ-hū goán ê lâng.
Chhin-chhiūⁿ goán ji̍p tī chhì,
成功啦！印出來矣！
字足清……讚啦……
東方第一份教會刊物隔轉年七月十二佇Formosa創刊。
阮佇五月二十四成功印出第一份印刷品。
哈利路亞
隨共睹的印出來、發出去啦！

當時的名是《臺灣府城教會報》，因為刊登信徒佇會議中的發言佮各種新聞，受著真好的評價！
我講的話予人印出來矣！
這份刊物未來會成做臺灣出刊上久的報紙。

路尾阮佇學校大門附近起一間機房，
阮通家己印製需求逐年增加的聖經佮各種刊物，我共號做——《聚珍堂》。

巴牧師！阮聽講你予人潑屎矣。
你有影是腹腸闊！予人潑屎，竟然猶會當勸個應該提屎去作田！
毋是啦……彼是一種英國式的心適……絕對毋是腹腸闊。
巴牧師，有人揣你！

英國牧師巴克禮，進前佇二崙拄著攻擊這項代誌……
官府有派人共歹人總掠起來，閣以杖刑處罰！
足疼的……
總掠起來？毋過彼工毋但兩个人……
嘛有共歹人偷提的物件提倒轉來，
掛賠償金同齊還！
我的懷錶佮錶鍊！

另外，官府嘛有公告講責庄民，二崙聚會所是耶穌教所有地，未來通繼續使用！
敢有影？有夠好的！
會當繼續去二崙傳教矣！
信徒的忍耐，予親友看袂落去，
氣一下去官府遐投……
傷無站節矣！遐的毋成囝連家己人都拍！
行！咱來去官府投！
雖罔清國官府嘛干焦應付應付，毋過這件無爽快的代誌總算有一个坎站，
阮就按呢通佇二崙徛起……
我想，這嘛是上帝的意思啦。
通過試煉，然後得著意外的收成……

喀啦
今年拄好是我來臺灣的第十年，
神學院、聚珍堂、新樓醫院和各種教育機構……
勢早。
勢早。
一切總算沓沓照起工進行，
愛來去上課矣！

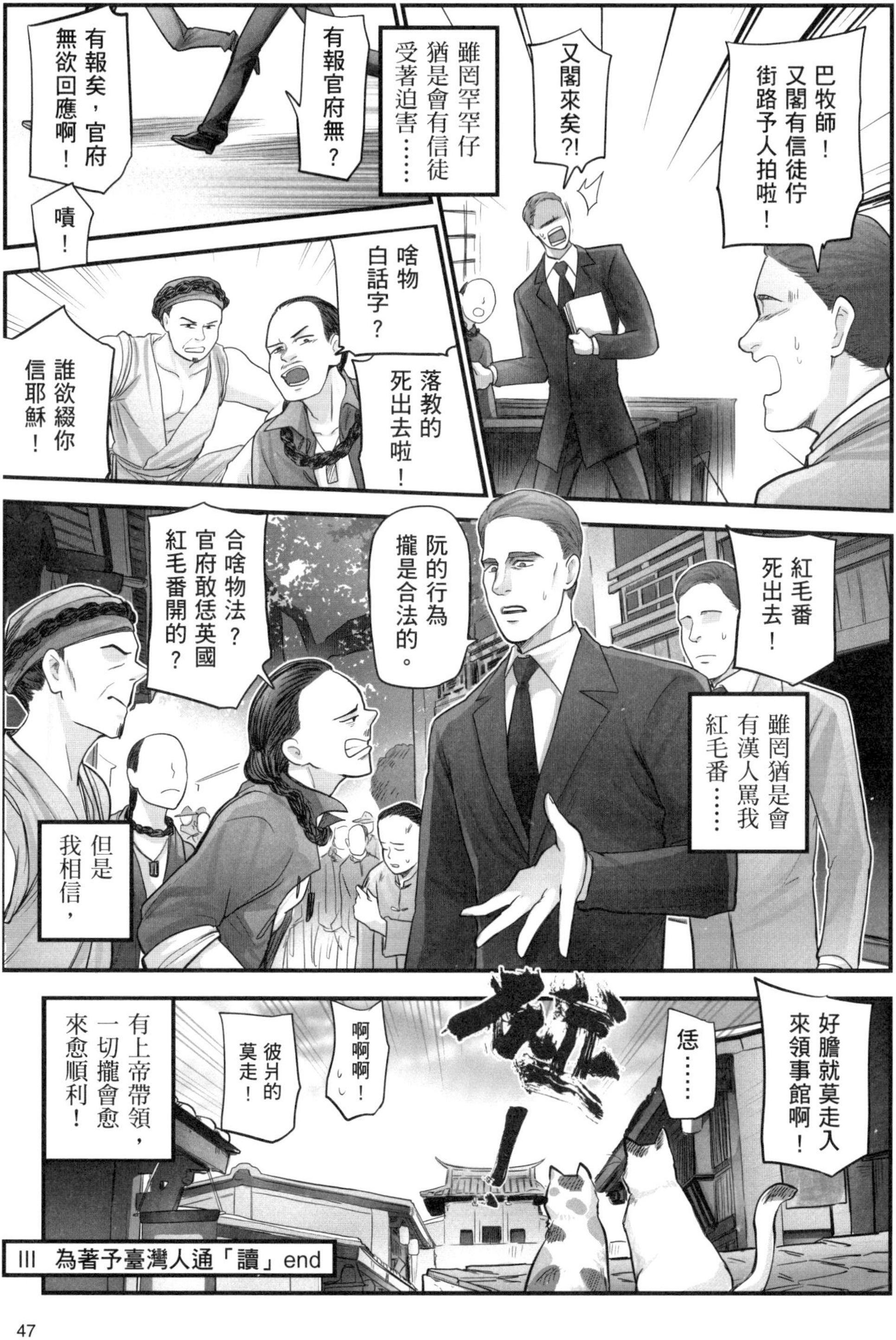
巴牧師！又閣有信徒佇街路予人拍啦！
又閣來矣?!
雖罔罕罕仔猶是會有信徒受著迫害……
有報官府無？
有報矣，官府無欲回應啊！
嘖！
啥物白話字？
落教的死出去啦！
誰欲綴你信耶穌！
紅毛番死出去！
雖罔猶是會有漢人罵我紅毛番……
阮的行為攏是合法的。
合啥物法？官府敢恁英國紅毛番開的？
但是我相信，
好膽就莫走入來領事館啊！
恁……
啊啊啊！
彼爿的莫走！
有上帝帶領，一切攏會愈來愈順利！
III 為著予臺灣人通「讀」end

臺灣的第一台活字印刷機

目前猶原存在，由高雄的國立科學工藝博物館維修、展示。

IV

終身奉獻的同伴

一八九二年十一月十八·蘇格蘭
恭喜！
恭喜！
我第二擺轉來英國做工作報告，而且佮伊莉莎白結婚，
伊減我十歲，是一个看護婦。

三工後，十一月二十一
巴克禮的生日
Formosa？
敢毋是清國？毋捌聽過的所在啊……
嘿啊，我拄開始嘛按呢想，毋過……
遐雖罔由清國治理，毋過誠無仝……
Formosa有真濟山，我想應該是因為我是躼跤的，
真適合行山路啦乎！
按呢扭著的時就會需要我矣！
伊莉莎白……
其實，除了請你佮我做伙去臺灣以外，
我猶有一个邀請希望你答應……
？

這是我家己寫的「獻身文」……
檢采你會感覺有淡薄仔譀……
毋過佇我十六歲的時，我確信我聽著上帝的呼召……
你愛成做一个牧師顧我的羊群。
我就放棄做生理佮買農場的夢想，決心成做一个宣教師，
就按呢寫這份獻身文，來提醒家己起頭的心志。
逐年生日的時，我攏會佇頂面簽名……

請予我嘛做伙簽名啦！
伊莉莎白！
對今起，無論佇蘇格蘭抑是Formosa……
我會陪伴你過逐个生日，用我的專長來幫贊你。
伊莉莎白……
請你放心去做上帝愛你做的代誌！

當阮做伙轉來到Formosa了後，
伊確實足活動，
看護婦的耐心佮專業，
予伊莉莎白受著信徒的愛戴
……若像予人提去的部份轉來到身軀頂的感覺，一切攏變完整矣。
阮的專長宣教佮醫療結合做伙，
予工課變閣較順利。

我拄來到Formosa的時，因為毋捌醫療，無法度佮前輩仝款快速增加信徒，
前輩佪用家己所學的來想辦法增加信徒，
替病人治病著好感，進得著信任……
自按呢感覺餒志無力……
伊莉莎白會隨身紮完整的醫療裝備，我講道、伊醫治患者，
這陣有大批破病的人民揣阮幫贊佪！
伊甚至願意陪我進入危險的東臺灣！
莫去啊伊莉莎白，生番會鏨人頭的！
巴克禮若失去伊的頭，我的頭嘛無啥物獨立存在的價值矣！
感動
毋過佇阮全心為上帝服務臺灣的時，
臺灣島外當咧進行一場戰爭……
啊我嘛欲面臨上帝所予我的上大的考驗……
IV 終身奉獻的同伴 end

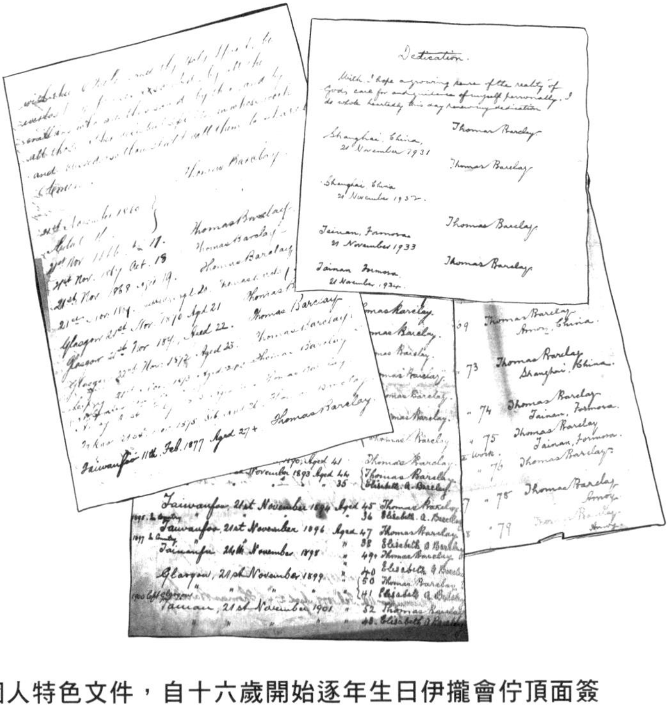

獻身文

巴克禮獨有的個人特色文件，自十六歲開始逐年生日伊攏會佇頂面簽名，共家己重新獻予上帝。結婚後，伊莉莎白嘛會佮伊做伙簽名，這份文件一直到巴克禮過身了後，才予世間人發現。
目前由臺南神學院保存，二〇一八年受登錄佇文化部第一屆「臺灣世界記憶國家名錄」。

V

迈過暗暝的英國和平使者

一八九四年，日本拍贏清國，佇一八九五年簽訂《馬關條約》，將臺灣割予日本……
清國無輸！來！咱愛做清國最後的抵抗線！
組成臺灣民主國抵抗日本！
唐景崧成做臺灣民主國第一任總統
收著反抗消息的日本派出軍隊，登陸澳底……
總統！日軍……
唐總統人咧?!
官員攏無去啦！
哪會?!
啊啊啊日軍欲來啦！
干焦會當直接投降啦！
臺灣北部的反抗真緊就結束矣，
但是南部的民軍並無自按呢崩去，
以府城做中心的烏旗軍繼續咧抵抗。
劉永福

日軍開始進入臺灣了後，
中部的天主教派因為歡迎日軍煞引發不滿，
佇日軍轉去別位了後……
背骨仔！
佮日本人是仝陣的！
共個刣死！
雖然咱（長老教）無受著牽連，毋過看著嘛心驚驚。
總講，先共婦人人疏散到廈門，保護安全啦。
臺灣民主國護照敢真正有效？
阮遮的留佇臺灣的外國人，攏做好隨時予人攻擊的準備。
七月・臺南
巴克禮……
啊……

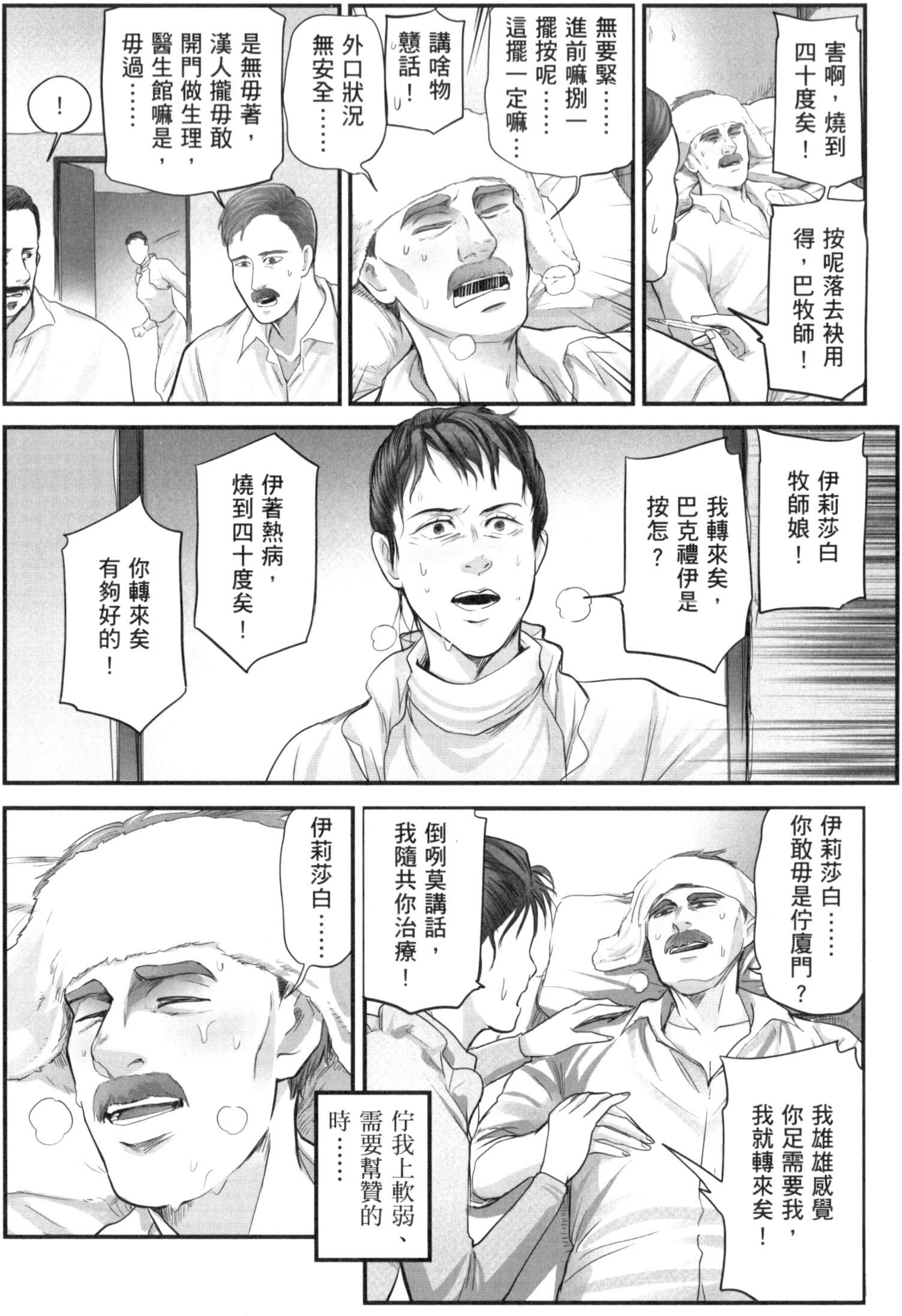

害啊，燒到四十度矣！
按呢落去袂用得，巴牧師！
無要緊……進前嘛捌一擺按呢……這擺一定嘛……
講啥物戇話！
外口狀況無安全……
是無毋著，漢人攏毋敢開門做生理，醫生館嘛是，毋過……
！
伊莉莎白牧師娘！
我轉來矣，巴克禮伊是按怎？
伊著熱病，燒到四十度矣！
你轉來矣有夠好的！
伊莉莎白……你敢毋是佇廈門？
倒咧莫講話，我隨共你治療！
我雄雄感覺你足需要我，我就轉來矣！
伊莉莎白……
佇我上軟弱、需要幫贊的時……

伊𤆬我離開臺南，去到廈門，
然後聽醫生的建議走去到日本療養。
實在足感謝你，伊莉莎白。
敢毋是有講矣？你扭著的時就會需要我矣！
趕緊離療，咱閣再轉去Formosa！
恢復健康了後，我先轉來臺灣，
伊佮其他婦人人留佇廈門等待政局穩定。
閣一擺來到這个島嶼，已經無仝政權……
毋過無論啥物政權，教會攏是仝款的立場……

就是提供逐家心靈的倚靠……！
掛遐懸應該就無問題啦喔……
雖然咱英國人相對安全，
毋過嘛希望日軍毋通來攻擊臺南城啊。
毋過阮毋知影的是，日軍掠阮佇澎湖的傳教師，逼伊毛日軍入城，
毋才濟濟臺灣人感覺阮佮日軍勾結……
啊其實是基督徒較可靠啦，
無，一般漢人錢提咧就會偷旋啊。
好閒
上帝講袂當講白賊！
誰插你啊!!
可靠
讚
真正感謝恁為信徒的誠實做見證，毋過敢會當莫佇這方面！

有夠困擾。

喂，恁看。
遐的紅毛番掛個的國旗……
謠言有影是事實！
遮的紅毛番咧對日軍放信號……！

無信任的種子佇漢人心內發穎，

十月初九日軍攻入嘉義，有人認為一定佮咱有關係……

咱輸甲褪褲矣……可惡！
哪會按呢？
定著是發生佇嘉義仝款的代誌啦！
有人共日軍炁路！
啥物？
定著是遮的基督徒勾結日本狗！
哪會……
無毋著！
小等……
共個刣死！
才袂予個炁日本人入麻豆！
揣咧！
地理上倚近嘉義的麻豆，人民相信敗戰的烏旗軍所講，煞失去理智，
一个神學生拄好轉麻豆去揣阿姊，伊親目看著悲劇……
阿姊……阿姊……
咱敢毋是攏漢人……
呀啊啊啊
伊覕到入暝，等安全了後隨趕轉去臺南通知阮……

有十五个信徒受害，猶有四个非教徒……
到底遮的人有共個當做同胞無……
感謝你忍受悲傷轉來共阮報遮的代誌……
害矣！牧師！
府城的人聽著屠殺的代誌嘛走來矣！
刣死落教的！
恁遮的替日本人毛路的背骨仔！
殺
出來！

我想個應該毋是來悼念的。
個應該真歡喜共咱吊死乎。
為著信徒的安全，阮開真濟會。
好額的信徒攏安置好勢矣，
毋過遐的較散赤的咧？
咱出錢共個嘛送去廈門？
巴牧師、宋牧師！
英國領事館講有代誌欲請恁鬥相共！
領事館？
鬥相共？
臺南・安平・日軍軍艦

烏旗軍首領毋敢佮咱面會，就按呢央請國內外國人佮我來談府城投降這層代。
毋過恁若像嘛袂曉講日語啊。
著……阮嘛干焦是宣教師爾爾……
遐的漢人……！
真害，竟然共咱揀出去擋……
領事館佮民軍到底咧想啥？
咱只是宣教師啊……
趕緊轉去啦，教區無咱驚會出代誌……
著……欸？
彼是民軍乎？
是劉永福的烏旗軍無毋著，個向安平去矣呢。
個總算欲家己去談矣啊……

這地產是新怡記洋行的。
This property belongs to Messys. Bain and Co.
彼英文告示……個對佗位提來的？
大概有洋行的人按呢做，個就有樣看樣啦。
若出租教區予逐家避難應該會當趁一筆呢！
哈哈，戰爭的時逐家攏想欲覘入外國人領地避難呢……
日軍若入城，攏是基督徒共個焉路！一旦日本人入來就會開始屠殺！咱應該先反制，刣死所有信耶穌教的背骨仔！
隔轉工
感覺咱的身份真安全，煞同時想欲害咱是毋……
莫想矣，緊轉去教區啦。

市民攏咧講劉永福閬港矣……
……！
原來昨昏伊毋是欲家己去面對日軍，是欲走路啊……
漢人啊……
較振作咧，宋忠堅牧師！
莫怨嘆別人的軟弱矣，
luán jio̍k
咱來開會討論現況欲按怎做較好？
唉……
余饒理
就按呢阮緊緊開一場會議，
昨昏有去過安平的我佮宋牧師佇市區安搭信徒，
余饒理是走去安平佮日軍轉達教會的意思。

咱來同齊為臺南祈禱……
巴牧師！
宋牧師愛我傳話予你！
請你即時去個兜！
啥物代誌?!
宋牧師，這是……
巴克禮……
歹勢，雄雄按呢……
阮嘛毋知欲按怎才好……
因為……

所有的官員攏走甲無看影。
啊？
攏揣透透矣……
毋過就若像對人間消失仝款……
所有有權的攏走了了矣……
現此時的臺南根本是放空城啊！
若予歹人知影城內無人管，絕對會開始刣人搶劫的！
錢錢
啊啊啊
搶糧
搶錢
搶查某人
若欲予遐的毋成囝搶劫，不如直接予日本人接管……
按呢？
按呢……！

請你代替阮佮日本人交涉啦！巴牧師！
請替阮共日軍講，臺南願意予個掌控！
而且是無條件的！
你是外國人，閣是資深的宣教師……個一定會聽你的！
啥?!
莫講笑矣，我曷袂曉日語……
你敢毋是有彼號啥物白話字？
無仝！完全無仝啊！
萬事拜託！巴牧師！
雖然以早真正對你做足濟袂得過的代誌，
毋過這馬有影干焦你會當救逐家矣！

原諒我拒絕。
!!
前幾工爾爾，無證無據煞指控基督徒佮日軍勾結……
日軍𤆬路！
啥物？
定著是遮的基督徒勾結日本狗！
哪會……
小等……
就按呢阮有十五个會友予人刣死，
猶有全無底代的人莫名犧牲！
阿姊…阿姊……
咱敢毋是攏
若咱真正佮日軍接接，按呢毋就閣較證實是咱引進日本人的謠言？
tsih-tsiap
日後就會有閣較濟基督徒佮無辜的人受屠殺！

身為神學院校長……我絕對袂當予這款代誌來發生！
是……
這是Formosa人佮日本人的代誌，本來就佮英國無底代，
除非恁遮的百姓仕紳生理人願意負擔所有責任！
巴克禮……！
當然會用得！
足感謝你巴牧師！
恁需要啥攏做恁吩咐！
巴牧師……
按呢敢有影妥當？
阮絕對願意負責！
啊啊，覕入英國領事館當然是上簡單的……

𤆬信徒覕入領事館嘛真簡單，
毋過宋牧師，
你看遮的百姓的眼神，
對敵恁的著疼𪜶，窘逐恁的著替𪜶祈禱……
來到Formosa的咱，
敢毋是予上帝交託拯救迷失羊群的責任！閣較免講規个臺南！

咱是為主顧羊的奴僕，
就算有九十九隻佇羊牢內安歇，
牧者嘛愛出發去到荒郊野外，
拯救迷失的彼隻羊……！

歹勢，煞害你受牽連。
欲扛這兩个紅毛番去佗？
日本軍遐。
袂啦，巴牧師你講了真有道理，
這是上帝予咱的任務啊。
無毋著……
落來。
是按怎啦？
都毋是無愛命啊！
猛掠
予我偌濟錢都無愛！
無愛做矣、無愛做矣！
遮的漢人……！
干焦會當行路矣……
上帝的考驗啊……

已經離臺南真遠矣……
嘶嘶
我雖然行過死陰的山谷，
也毋驚災害……
猶是會煩惱信徒的安全……
若漢人趁機會刣佪欲按怎？
……相信上帝！祂一定會有安排的！
咱閣來唱後一首歌啦，宋牧師！
好
武器放落！
毋准閣行進前！（日本話）
莫走！

阮是英國人！
莫開銃！
日本兵！
NOOOOOOOOo—
你會曉講英語無？
English?!
これわ…
NO！NO！
No
No
No
當然，阮隨就拄著語言問題。
但是上帝的安排真奇妙，
GO！GO！
彼兵仔𤆬阮轉去營地，是一个予人占領的大厝宅。
敢需要鬥翻譯？
?!

註2：實際上予兵仔悉去見乃木將軍的干焦巴克禮一个，其他的予人留佇二層行溪北岸，佇遮澄清。

乃木希典將軍。
我有聽講矣！歡迎！
想欲請教恁敢願意悉日軍進入臺南？
當然！
這就是阮來遮的目的！
想袂到一切遮爾順利。

——若願意和平投降，任何人攏袂受著傷害，毋過只要有人抵抗，我就會展開屠殺。
我一定會共這个訊息報所有人知！
較晏見面巴牧師！
巴克禮先騎馬轉去府城傳達將軍訊息，嘛拍開所有的城門。
宋忠堅牧師是佮日軍做伙前往臺南。
也就是做人質啊！
十月二十一早起時
看著臺南城矣……
小南門
小等……城門哪會關咧？！
敢毋是講欲拍開所有城門？敢講遐的漢人又閣……
敢會先轉來的巴克禮嘛……

嘎
阮照約定無任何抵抗，
請毋通傷害任何市民，就接管臺南啦！

實在誠好巴克禮！
感謝上帝啊啊啊！
日軍順利進入臺南，
就佮約束的仝款，無任何人抵抗。
都鬥烝到官府矣，應該會用得轉教區矣乎。
請小等牧師！
啊？
這是我的拜帖！我是普通的生理人！
我嘛是！請替我共日本講寡好話啦牧師！
我的嘛勞煩矣，牧師！
拜帖：名片

註3：一八九五年，太平境禮拜堂猶未建立，佇遮澄清。

一切攏有上帝的帶領……
外口咧吵啥？
哪會鬧來矣?!
牧師！遐的日本人共阮兜的物件提走！
我的門予人拆去矣！
有日本軍人硬欲蹛阮兜！
你緊去共日本政府講叫個管制軍人啊！
這是……
牧師！
拜託牧師矣！
竟然走來共我投……
這應該通算是予Formosa人信任啦乎。
雖然袂曉講日語毋過日後應該會誠無閒喔。
V 迒過暗暝的英國和平使者 end

旭日章（勳五等）

事件結束了後，
日本送巴克禮佮宋忠堅
獎勵個的義行，
Formosa人是送
個感謝檫仔。

VI

God knows the reasons

進入日本時代了後，基督徒身份無閣再是不利的條件，
教會得著從到今毋捌有的聲望，
喂，信耶穌真正足好，來啦來啦！
好？教會除了唱詩祈禱猶通創啥？
猶通上課學捌字喔。
毋過，就算換做講另外一種語言的政權，我嘛無擋恬推廣白話字。
!
臺灣人愛講家己的母語，嘛愛會曉讀會曉寫，
來教會啦，我的白話字班通教恁學會曉家己的母語！
若對數學和科學有興趣，我嘛通教你！
毋但信仰，教會應該嘛愛教信徒科學和現代智識，
遮的攏通予教會的根基閣較在。

佇替教會拍實櫼的基礎了後，我的人生煞出現大變化……
一九〇八年・英國
夫人的病情嚴重，賭的時間無濟……
無的確賭幾個月爾爾，
建議兩位留佇英國，予夫人專心靜養。
巴克禮夫婦轉去英國歇假的時，煞發現伊莉莎白著愛接受重大手術。
伊莉莎白……
拄開始掠準手術是成功的，
隔轉年煞又閣惡化……
巴克禮……
我欲佮你轉去Formosa。

上帝派你去Formosa服侍，
你總是講你躼跤適合行遐的山路，
我想欲佮你做伙轉去，這擺……換你毛我行矣。
照伊莉莎白的心願，兩人佇一九〇九起行。
經過西伯利亞，到上海，
毋過伊猶未到Formosa，就佇七月十一過身矣。
共伊葬佇上海了後，巴克禮孤一人轉來到臺灣。

十七年的
婚姻結束
甲傷兇狂，
閣一擺踏上
Formosa的
陸地，
竟然像轉去
到三十年前
拄來臺灣，
家己一个
受盡窘逐煞
無通敨，
干焦會當透過祈禱
硬㨂落去的困境。
紅毛番！
死出去
啦！
剖死
基督徒！
世界雄雄
暗眠摸，
無法度看清楚
頭前的路途。
巴牧師！

久見！你對故鄉轉來矣，是無！
啊是巴牧師！
阮兜囡仔出世矣！等你轉來共伊洗禮！
啊是巴牧師足久無見面！
巴牧師！
啊……是啊，
巴牧師！你平安轉來誠好！
雖罔猶是會有人叫我紅毛番，
阮等你足久矣！
阮有聽講牧師娘的代誌矣。
毋過這馬有閣較濟人會叫我巴牧師。
牧師娘是遐爾完美的人……
阮想欲為伊舉辦追思會！
約伯失去一切，猶閣無怨歎上帝，
我拄來到Formosa的時雙手空空，
毋過請你先安心歇睏啦！
……我轉來矣，Formosa
歡迎轉來，巴牧師！
歡迎！
今我有的，煞是真豐富。

這幾年我為教會的基礎所做的遮的代誌，佇接著上帝派予我的新任務的時，
予我了解一切攏是伊所安排好的。
你佇Formosa傳道、教書遮爾濟年，
毋但足捌聖經閣較捌臺灣話，
無任何人比你閣較適合負責廈門音聖經的修正翻譯工作矣，巴克禮牧師！
啊這嘛是我這世人上大的心願……為臺灣留落一本「母語聖經」。
我欲共賭的性命攏投入修正翻譯工作，
啊後壁猶未講煞的故事，就交予少年的後輩來繼續寫。
VI God knows the reasons end

廈門音羅馬字聖經修正翻譯

一八七三年已經由一陣宣教師共「新約」翻譯做廈門話，大英聖書公會是佇一八八四年出版完整的廈門音羅馬字聖經，毋過彼內容有真濟欠點。
翻譯者著愛同時精通福建話，嘛愛看有希伯來文、希臘文，才通承擔這項工課。
巴克禮佇三位漢人牧師協助下，自一九一三年四月十一開始，到一九一四年十月初二完成新約修正翻譯工作。仝時伊嘛進行廈英大辭典的增補工作。
杜氏的《廈英大辭典》原版是杜嘉德博士佇一八七三年出版的廈門字典，因為欠濟濟現代新詞彙，佇一九一三年到一九二三年期間，巴克禮進行增補版的工作，彼幼膩的程度予增補版竟然有半本字典遐厚！

VII

上尾的任務

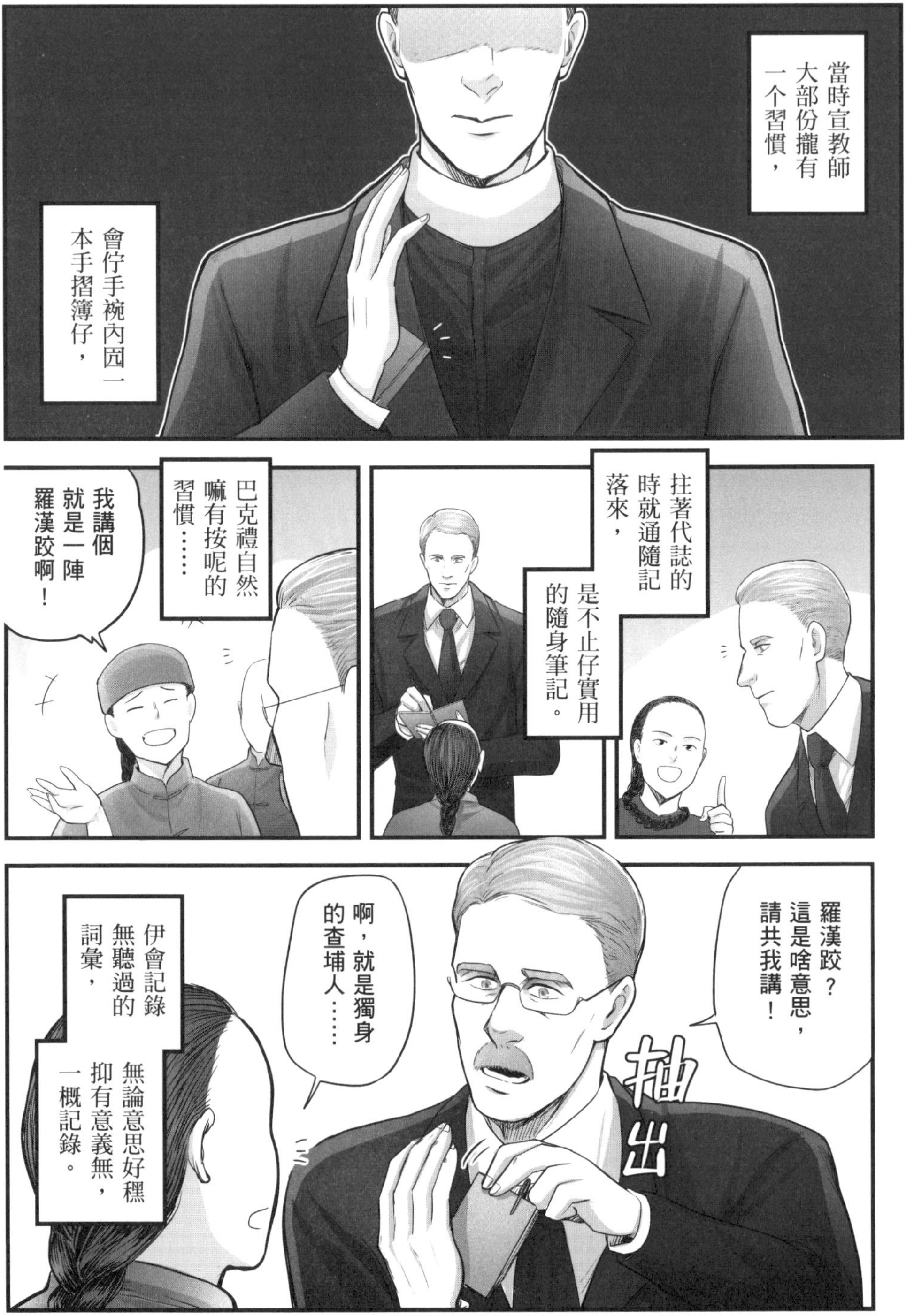
當時宣教師大部份攏有一个習慣，
會佇手䘼內囥一本手摺簿仔，
拄著代誌的時就通隨記落來，
是不止仔實用的隨身筆記。
巴克禮自然嘛有按呢的習慣……
我講個就是一陣羅漢跤啊！
羅漢跤？這是啥意思，請共我講！
抽出
啊，就是獨身的查埔人……
伊會記錄無聽過的詞彙，
無論意思好穤抑有意義無，一概記錄。

失禮攪擾，請教恁拄才講的彼个詞是啥？
啊巴牧師！
逐家攏真慣勢伊這个動作，
一年過一年，巴克禮蒐集的筆記佮字詞愈來愈濟；
加上開班教學佮久年傳教累積的經驗，
真罕得有宣教師通像巴克禮按呢同時捌臺語和聖經解譯！
另外，受派來中國的宣教師通講是一人攏一本杜嘉德博士的廈英辭典，
揣無……
電這字到底欲按怎講？
毋過這本辭典是四十年前出版的，真濟現代新詞彙無法度揣著，需要緊增補。

逐家攏感覺無人比伊閣較適合為廈門音聖經閣一擺做翻譯校正的工作。
就按呢，佇漢人牧師的協助下，巴克禮佇一九一三年開始這項大工程。
伊先完成廈門音聖經的修正翻譯，
同時進行杜氏辭典的補註……
蒐集數據，根據這得出新的結果，
就若像少年時伊和好朋友做的實驗全款，
這个反應誠細呢，
會使講差不多完全袂過電。
巴克禮全心投入佇遮的沓沓滴滴的工課……

佇我的印象中，自熟似巴克禮彼工開始……
伊就是一个工作痟。
哇～今仔日嘛仝款咧拚暝工呢……
伊敢免睏？
凡勢是學者出身予伊足投入佇這項工課，
都八十歲的人矣，竟然會當一工做八點鐘……
我負責長老教中學的大細項事務，
其他牧師就鬥照顧各教會和神學院，
予巴克禮通專心進行交代伊的修正翻譯工作……
啊，著矣！

袂記得自我介紹矣！平安，我是萬榮華，一八八六年出世，受派來臺灣的時已經是日本時代。
一九一二年來臺灣的時，高金聲牧師就指這陣長榮中學預定地予我看。
遐就是咱未來教育囡仔的所在。
猴早，我絲班英華……我對因古來，真愛塔球……
我隨去日本，學兩年日文了後，轉來臺灣接任校長。
毋過這擺我無欲交代教育的成績，
萬榮華
Edward Band
長榮中學校長，
同時嘛是長老教
派駐臺灣的宣教師。
我欲用我的筆去記錄一位偉大前輩的事蹟。

喔，少年人
你嘛是躼跤！
啊無毋著，
毋才我大學
是踢跤球的！
英國劍橋大學跤球隊隊長
按呢啊～
我的躼跤是用
來行Formosa
的山路的呢！
你來臺灣的時拄好
佮我來的時仝款，
攏是二十六歲啊！
真懷念啊，
已經五十年矣呢，
人攏講第一个
五十年是上歹度
的啊……
軍啦！
啊！
我不時去揣
這位前輩開講，
伊總是大方
建議，
是一位足溫純、
心適閣愛講笑的
學者。

我嘛捌佮伊做伙去日本旅行度假，
火車雖罔方便毋過就是較慢啊～
?!?!?
呵呵，無，咱來開講啦……
你有看過相對論矣著無？佇廣義版本有講起重力……
你真僫相信伊是一个高齡八十的老人！
伊的身體硬插，總是樂觀溫和對待所有人佮代誌，
袂拒絕任何一杯茶的邀請，
前輩等我一下啊！
對我和真濟人來講，伊就是一个用身體實踐信仰的前輩！

一九一三～一九三三年，伊完成新舊約的修正翻譯，
轉英國的時猶擔任英國的總會議長，
提著榮譽神學博士學位，
猶閣有濟濟講袂盡的事蹟。
當日軍轟炸上海的時，負責印聖經的商務印刷館掛修正翻譯原稿同齊被炸毀……
佇Formosa的眾人攏為著這个歹消息咧感覺意外遺憾的時……
啊啊好佳哉我有一份備存呢！
啥物時陣的代誌?!
伊就算講中風、需要坐輪椅行動、甚至無法度講話，
嘛猶是堅持為神學生上課的強者……
巴克禮前輩……

你過身後的這五年，逐家陸續予日本人逼離開Formosa……
長榮中學、教區攏交予伊……
一九四〇年十一月
因為日本推行的反英美運動愈來愈激烈，
這陣，我為教會的財產寫完「遺囑」了後嘛著愛離開……
我離開了後，就代表臺灣無閣再有任何一位宣教師，
學生猶閣有信徒，和Formosa的教會……
伊欲按怎才好？

你大概毋捌想過日本政府會推行皇民化運動，強制Formosa人講日語……
個欲予Formosa人袂記得家己的「母語」，
一直到嬰仔嘛佇搖笱內講日本話……
這陣的教會就親像大欉樹仔，就算根基按怎堅固……
終其尾是予帝國的斧頭剃倒去矣。
懷抱感傷的心情，萬榮華佇一九四〇年十一月二十二離開臺灣轉去英國，
成做長老教最後一名離開臺灣的宣教師。
VII 上尾的任務 end

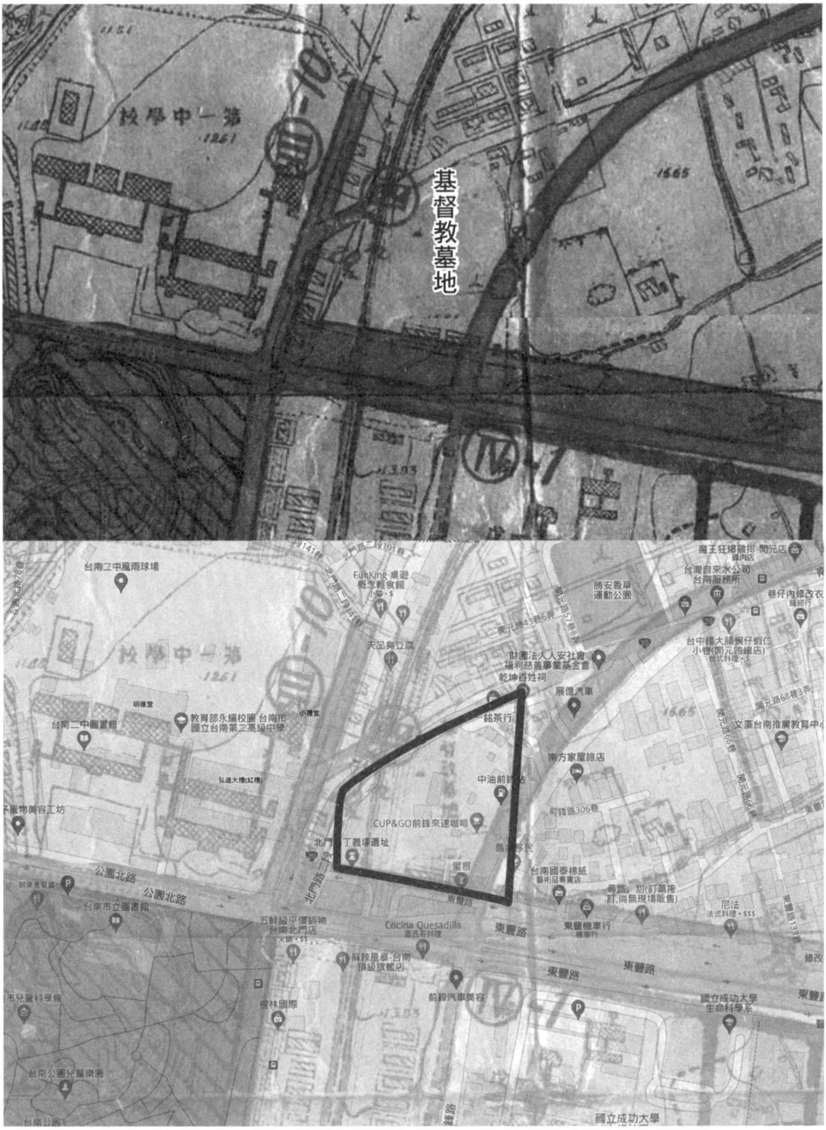

日本時代地圖佮現此時google地圖重疊

基督教公墓

巴克禮原本葬佇北爿的基督徒公墓，路尾因為日本人感覺坐火車入臺南的時，就先看著一批墓真歹吉兆，就按呢共規批墓徙去到這陣的南山公墓。

尾聲

一九四一年・臺南
緣投的，你畫甲有影袂穤！牧師館予你畫甲足媠！
啊，感謝！
恁拄才講這棟號做牧師館喔？
著啊，以早遮蹛幾个英國來的基督教牧師，
你看彼个趨坡，就是為欲予中風的老牧師坐輪椅進出才做的呢！
彼个老牧師足勇喔！
幾十年前日本人拄來臺灣的時，伊代替臺南人去佮日軍交涉呢！
阮隨傳達帶來的訊息。
即時發電報共將軍報告，
是。
臺南毋才無發生代誌。
遮勢，伊敢猶蹛佇遮？
老牧師前幾年過身矣，賰的英國牧師嘛攏予日本人趕轉去囉！

老牧師本底葬佇臺南市郊三分子的基督教公墓，
Sann-hun-á
毋過日本人嫌火車入城就看著一堆墓，
就共遐的基督徒墓攏徙去南爿啦。
若老牧師看著你共遮畫甲遮爾媠，一定會足歡喜。
緣投的，你號做啥物名？
啊，我號做陳澄波。
紲落閣過幾若年，二戰結束了後，政權閣一擺轉移……

一九四七年，發生二二八事件，
陳澄波佮其他十一名二二八處理委員會成員去揣政府官員，
成做和平使者，希望會當佮軍隊協商，就親像當年巴克禮牧師為府城居民做的……
砰！
砰！
毋過這擺的結局無仝款矣。

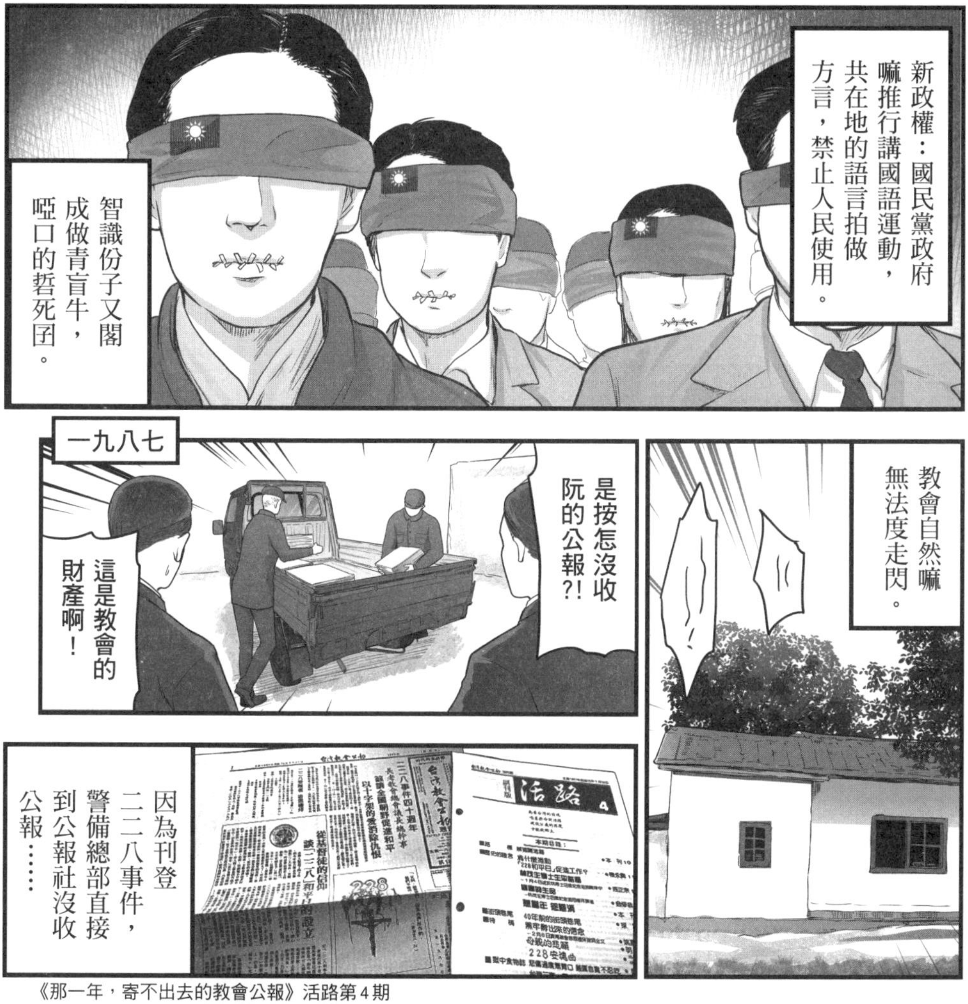
新政權：國民黨政府
嘛推行講國語運動，
共在地的語言拍做
方言，禁止人民使用。
智識份子又閣
成做青盲牛，
啞口的哲死囝。
一九八七
教會自然嘛
無法度走閃。
是按怎沒收
阮的公報?!
這是教會的
財產啊！
因為刊登
二二八事件，
警備總部直接
到公報社沒收
公報……
活路
228

《那一年，寄不出去的教會公報》活路第4期

臺灣人牧師為欲
爭取宗教自由，
開始帶領信徒行
上街頭，
長老教教會佮臺灣的民主化
運動嘛自按呢產生連結。
還我教會尊嚴
還我言論自由
抗議侵犯人權
抗議
侵犯基本人權
教會公報

一九八〇 林宅血案
彼時的教會認為臺灣若通民主化，對教會長遠發展來講是好代，
所致雖罔無強力介入，毋過佇濟濟受極權迫害的人四箍圍，
攏通發現教會提供協助、陪伴的痕跡。
愛能包容一切，對一切有信心，
義光基督長老教會
國會全面改選
才有公義和平
紀念鄭
教會嘛陸續發表聲明佮呼籲，來支持臺灣的自由和民主。
長老教會一九七一年《國是聲明》、一九七五年《我們的呼籲》、一九七七年《人權宣言》

佇實腹的根基
佮教育機構的
支持下，
Formosa的教會
通訓練出本土的
各族群牧師，
繼續自立、自傳，
教會持續運轉，
信徒的數量嘛
通逐年增加。
經過久年風雨，
解嚴後的現此時，
猶原通看著
長老教會恬恬
徛佇這个島嶼
的逐角落，
無論是白話字聖經，
抑是原住民聖經，
攏猶原咧使用。

𪜶用盡心力，
佇石磐根基頂面種樹仔栽，
輪流灌沃落肥。
大欉樹用青蔭和果子吸引眾人佮飛鳥，
經過戰爭試煉、
時代挑戰，
和政權的打擊了後，

伊捌予炎火燒焦，
化做火烌
若像死去，
尾後閣再
發出新穎……
——焚而不燬。
END

巴克禮年表

西元	日期	巴克禮生平
1849年	11月21日	出生於蘇格蘭格拉斯哥市。
1864年		十五歲，入格拉斯哥大學就讀。
1865年	11月21日	十六歲生日，寫下獻身誓約文。
1869年		進入自由教會神學院就讀。
1873年		自神學院畢業，赴德國萊比錫大學進修（選修科系為神學）。其電氣學相關論文，因於皇家學士院朗讀，而登「名人錄」。
1874年	9月19日	從利物浦出發，三個月後抵達廈門，學習廈門語。
1875年	6月5日	從打狗（今高雄）登陸臺灣，暫居旗後。
1876年	12月	從打狗遷往府城，將兩地的「傳道師養成班」合併為府城大學（Capital College，今臺南神學院）。

1877年	1月10號	首屆英國長老教會的「臺南教士會」在府城舉辦，巴克禮為書記。
	2月23日	府城大學開學，共十五名學生。
1880年	5月4日	馬雅各奉獻一台小型印刷機。
1881年	9月2日	第一次休假歸國。
	10月17日	於淡水搭船離臺。
	11月30日	抵達倫敦，於故鄉學習印刷術。
1884	1月6日	假期屆滿返臺。
	5月24日	創立臺南聚珍堂（臺灣教會公報社前身），借新樓醫院一角做為機房，以馬雅各奉獻的印刷機開始印刷工作。
	7月	巡視山地教會罹患瘧疾，至汕頭養病。
	10月	法國軍艦攻擊臺灣[4]，駐臺宣教師紛紛往廈門避難。
1885年	1月4日	乘帆船回到臺灣，任府城大學校長。

註4：1883年12月至1885年4月間，清國為了保護越南而與法國發生戰爭。

西元	日期	巴克禮生平
	7月12日	臺灣府城教會報第一號出刊（清光緒11年6月1日）。
	7月19日	在二崙教會被暴徒灑糞尿。
	9月21日	創立中學（今長榮中學）。
1891年	4月23日	第二次休假回國。
1892年	11月18日	在蘇格蘭格拉斯哥與護士伊莉莎白（Miss Elisabeth A. Turner）結婚。
1893年	2月15日	偕巴夫人返臺。
1895年	4月17日	《馬關條約》清國將臺灣割讓給日本。
	7月下旬	罹患熱病，由夫人陪同前往廈門休養，
	8月4日	去日本休養。
	10月12日	回到臺南。

	10月14日	因民眾懷疑基督徒與日軍勾結，引發眾怒，發生麻豆事件，十五名信徒，四名慕道友遇難。
	10月20日	巴克禮與宋忠堅帶著臺南仕紳的請願書，前往會見日軍。請求和平進入無政府的臺南城。隔日，日軍進入臺南城，沒有引發流血衝突。
1897年		獲日本明治天皇頒贈五等勳章。
1898年		偕同夫人返回英國休假，籌募府城大學建校基金一千英鎊。
	2月2日	臺南教士會議定巴克禮負責府城大學之管理。
1901年	1月12日	偕同夫人返臺。
	5月15日	臺南教士會在新樓宣教館對面以七百銀元購買地皮，作為府城大學新校舍。
1903年	2月17日	府城大學校舍建成。
1908年	2月1日	巴克禮夫婦休假，離開臺南。
	2月7日	於基隆起程返回英國。

西元	日期	巴克禮生平
1909年	7月11日	巴夫人在返臺途中，於上海蒙主恩召，葬於上海公墓，得年五十一歲。
	9月28日	巴克禮博士獨自返臺。
1913年	4月11日	前往廈門著手修譯廈門音羅馬字新約聖經。
1915年	1月19日	巴克禮來臺四十週年紀念會。
1916年	5月28日	修譯廈門音羅馬字新約聖經第一版發行。
1918年	12月	被英國聖經公會任命為該會榮譽終身總裁。
1919年	6月25日	因修譯廈門音羅馬字新約聖經，榮獲母校格拉斯哥大學之榮譽神學博士。
1923年		《廈英大辭典》之增補版由商務印書館發行。
1924年	9月26日	南部臺灣基督長老教會宣教師總會在臺南教會禮拜堂創立，巴克禮當選議長。

1926年	1月	為修譯廈門音羅馬字舊約聖經前往廈門。
1932年	1月29日	上海商務印書館遭日軍轟炸，其中由巴克禮所修譯之舊約聖經活字版型亦遭損毀。所幸在廢墟中找到尚完整的紙型，之後印刷工作移至其他印刷館。
1933年	8月4日	於上海校完最後一頁舊約聖經，啟程回臺。
	12月25日	修譯廈門音羅馬字舊約聖經印刷完成，巴克禮收到二十冊。
1934年	2月	臺南中會請巴克禮擔任太平境教會的小會議長。
	11月21日	最後一次簽名於獻身誓文。
1935年	2月13日	在準備設教七十週年，以及他來臺六十週年紀念時，於是日早晨因腦溢血昏倒，送新樓醫院。
	10月5日	於上午零時二分在臺南新樓住宅過世，享年八十五歲。
	10月8日	在臺南太平境禮拜堂舉辦告別式後，安葬於臺南市郊三分子的基督教公墓。遺骸現已遷至臺南南山基督教公墓。

附錄

巴克禮相關史跡

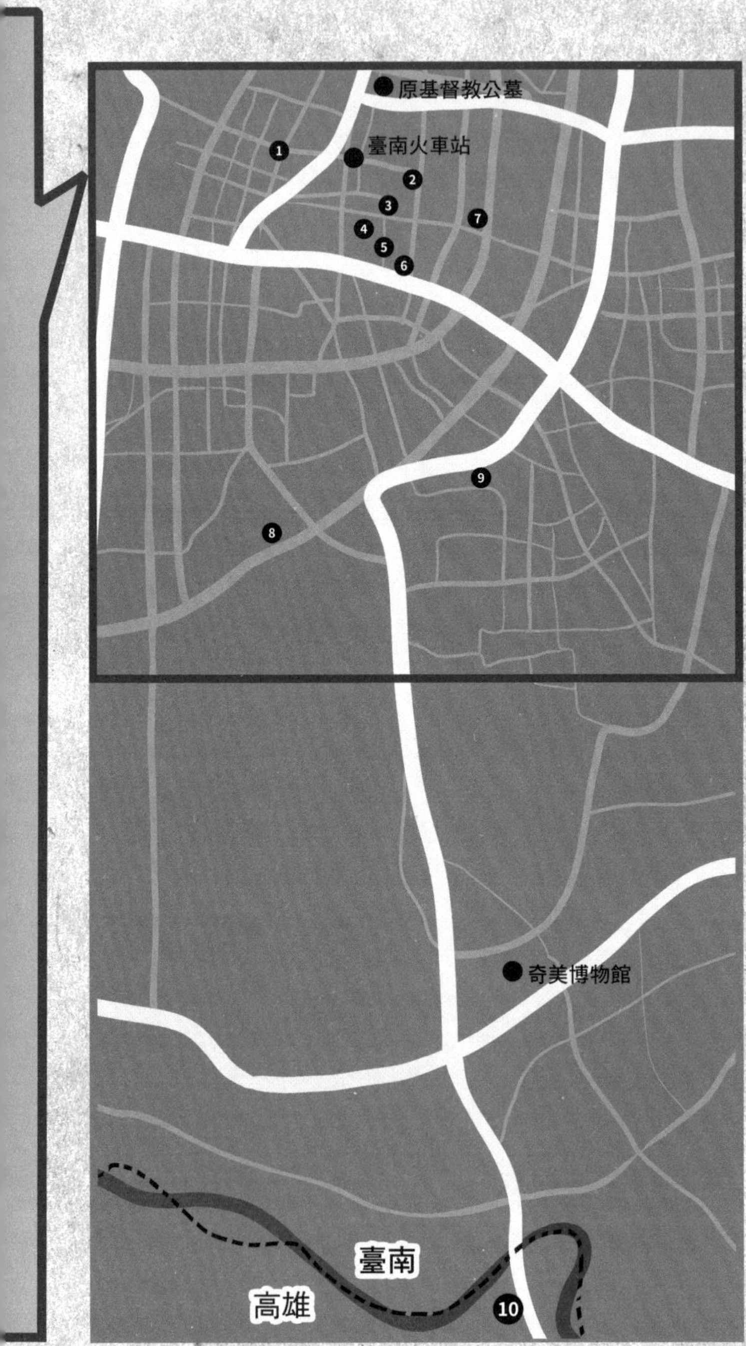

1
2
3
4
5
6
7
8
9
1 太平境馬雅各紀念教會
2 臺灣教會公報社
3 臺灣基督長老教會歷史檔案館
4 新樓醫院
5 臺南神學院
6 東門巴克禮紀念教會
7 臺南市私立長榮高級中學
8 巴克禮之墓（現址）
9 巴克禮紀念公園
10 太爺蘇家古厝（位於高雄）
11 看西街長老教會（地圖外）

〔臺南市區放大圖〕

1 太平境馬雅各紀念教會

會史可追溯至 1865 年，為全臺最早的長老教會。1865 年馬雅各醫師受英國長老教會派遣，來到臺灣打狗，之後於臺南看西街從事醫療宣教，設立全臺第一間長老教會。1901 年吳道源執事奉獻太平境堂地，由巴克禮向英國母會女宣募捐，在太平境建禮拜堂。巴克禮有一段時間是太平境的小會議長，最後的告別式也在此舉行。現有建物為 1954 年重建。

700臺南市中西區公園路6號

OPEN 08:00~12:00；14:00~18:00
（禮拜六08:00~22:00、禮拜日07:30~12:30、禮拜一公休）

06-2282184

2 臺灣教會公報社

原名聚珍堂，俗稱新樓書房，創立於 1884 年，是臺灣第一間印刷所。1885 年 7 月 12 日，巴克禮將馬雅各醫師奉獻的印刷機組裝起來，用白話字發行全臺第一份報紙《臺灣府城教會報》。至今民眾仍可於臺南門市體驗復刻印刷機。

701臺南市東區青年路334號

OPEN 12:00~20:30
（禮拜六10:00~20:30、禮拜日公休）

06-2356277

※：預約「復刻版印刷機」團體導覽，請洽06-2356277#131 傅小姐

3 臺灣基督長老教會歷史檔案館

前臺灣教會歷史資料館，原坐落於臺南神學院的巴克禮故居，後遷至長榮中學與校史館並存，2019 年新館落成啟用。館中收藏自 19 世紀以來，宣教師來臺傳福音之史料，包括手稿、古籍、照片……等。館中珍藏之巴克禮的長袍、新舊聖約等文物，已獲選為「臺灣世界記憶國家名錄」。

701 臺南市東區青年路 360-25 號（入口在新樓街 37 巷旁）

OPEN 09:00~12:00；13:00~17:00（禮拜六、日公休）

06-2356360

4 新樓醫院

長老教會在臺的醫療宣教可追溯至 1865 年馬雅各醫師在臺南設立看西街醫館，但短短 23 天就被居民攻擊而離開轉往旗後（今旗津）發展。1869 年馬雅各重返臺南府城在二老口街重新設立醫館，1900 年醫館遷移至神學院旁新築稱為新樓醫院，逐步發展至今。

701 臺南市東區東門路一段 57 號

OPEN 24 小時開放

06-2748316

5 臺南神學院

日治時代所增建臺南神學院本館。
拍攝者：Pbdragonwang ／圖片來源：維基百科

臺灣基督長老教會的神學院，培育教會牧養神職與事奉人員。1876 年巴克禮將旗後、府城的「傳道師養成班」合併為「府城大學」(Capital College)。1903 年建立現址校舍，1913 年更名為「臺南神學校」。校內至今仍保留巴克禮故居前斜坡的遺跡，並收藏牧師的獻身文真跡（詳細請見 P056）。

701 臺南市東區東門路一段 117 號

OPEN 非假日上課期間不對外開放。

06-2371291

巴克禮故居已於 1992 年拆除，校方保留地基以供紀念。
圖片來源：臺南研究資料庫

6 東門巴克禮紀念教會

前身為臺南神學校教師宿舍，創立於 1903 年 5 月，源於牧師娘伊莉莎白為了幫助新樓醫院員工建立信仰，借用宿舍成立佈道所。1906 年，該佈道所歸屬於長老教會的太平境教會支會，1921 年 3 月 9 日升格成為堂會，2003 年設立百週年，加入巴克禮之名以茲紀念。 現存建物於 1926 年落成啟用，教堂上裝飾的白話字，意為「臺南東門巴克禮紀念教會 」。

701 臺南市東區東門路一段 187 號
OPEN 禮拜時間
臺語：禮拜日 09:00；華語：禮拜日 10:45
06-2344266

7 臺南市私立長榮高級中學

長榮中學於 1885 年創立，是英國基督長老教會創辦臺灣第一所中學，為神學院的先修教育，日本時代轉變成一般中學，並改名為「長老教中學」。首任校長為英國余饒理長老，校內開設聖經、天文、地理、算數、漢字、白話字讀寫等課程，在臺灣推廣現代教育。巴克禮曾經擔任過代理校長。

701 臺南市東區林森路二段 79 號
OPEN 07:30~17:00
（禮拜六、日公休）
06-2381711

8 巴克禮之墓（現址）

巴克禮原葬於北區的三分子基督教公墓，於 1943 年日人實施都市更新計畫，而遷葬至臺南府城南郊的「南山公墓基督教墓地」。南山公墓為臺南長期以來的墓葬群，歷史可追溯至明清，除了巴克禮，也有許多臺灣仕紳名人，如林朝英、蔡培火等長眠於此。

經緯度：
22.96849, 120.20498

攝影：Pbdragonwang /
圖片來源：維基百科

9 巴克禮紀念公園

攝影：MK2010 / 圖片來源：維基百科

為了紀念 1895 年巴克禮代表臺南仕紳將請願書交予日軍，達成和平進城的協議，2004 年臺南市政府將第 18 號公園改名「巴克禮紀念公園」。此地原為垃圾場，在市府與里民的努力下，成為充滿綠意的城市之肺，曾獲得全國十大優良公園。

臺南市東區，位於中華東路上，臺南文化中心的對面
OPEN 24小時開放
06-2743362

10 太爺蘇家古厝

太爺蘇家的祖厝。1895 年日軍逼近臺南，師團在太爺庄附近駐紮，將領乃木希典則暫居於蘇家古厝內。巴克禮與宋忠堅冒著極大危險，代臺南仕紳遞交請願書予日軍，此地即為巴克禮與乃木希典將軍會面的場所。

829 高雄市湖內區中正路一段 53 巷 1 號（現為社區活動中心）

11 看西街長老教會

馬雅各醫師於 1865 年創立的看西街醫館及佈道所，原址位於今臺南市中西區仁愛街 43 號。由於創設短短 23 天就遭居民攻擊，於是離開轉往旗後，待日後長老教會重回臺南發展，原址早已物換星移，日本時代甚至曾做為公共澡堂。二戰後長老教會信徒決議在發源地附近（東側約 100 公尺處）建堂，1955 年落成啟用，命名為看西街教會。

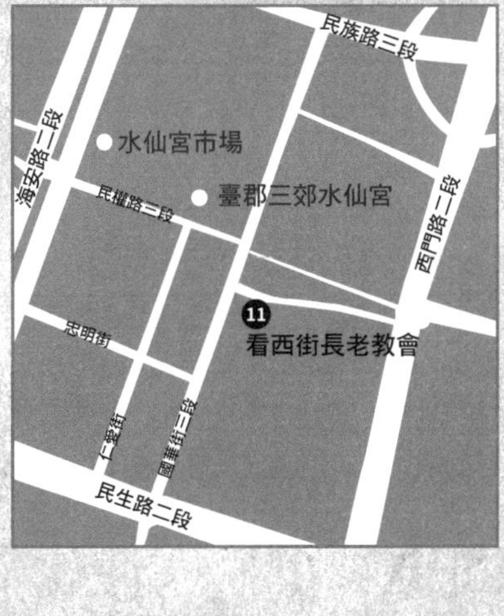

700臺南市中西區和平街33號

OPEN 08:00～17:30
（禮拜三 08:00～17:30、
禮拜日 08:00～13:00、
禮拜一公休）

06-2225808

正港的臺灣人——巴克禮

——王子碩　聚珍臺灣總監

一八五八年清國因戰敗簽訂了天津條約，臺灣被迫對外開港，在被清國對外隔絕百年後再一次向全球揭開了神祕面紗。西方宣教師陸續到來，在臺灣各地留下愛的足跡，對臺灣造成深遠影響至今。在這些來臺的宗教組織之中，長老教會為其中對臺灣相當重要的一支，如北部耳熟能詳的馬偕牧師、中部蘭大衛醫師、南部馬雅各醫師，都是長老教會的代表人物。在這些宣教師之中，巴克禮牧師無疑是實質影響力極大的一位。但隨著戰後歷史記憶斷裂，即使是如我這樣土生土長的臺南人，也一直到有些年紀才聽聞臺南曾有一位來自蘇格蘭，一生奉獻在這裡，死後也葬在這裡的「正港臺灣人」——巴克禮；更不用說他曾在臺南鄉親的懇求下，冒著被日軍射殺的危險前往交涉和平入城事宜，最後改變了臺南命運的傳奇故事。然而這件事即使是臺南在地人，知道詳情的也不算多，甚至有許多人，將事件曲解簡化為「巴克禮引日軍入城」。

寧欣創作一本又一本找回臺灣記憶又膾炙人口的漫畫，在這本《臺灣名人傳記漫畫：巴克禮

【臺文版】》之中，那位只存在於腦海中的傳奇人物彷彿又活了起來。這顯然需要對臺灣的深度認同與熱情，才有辦法克服萬難去涉獵大量各種語言的艱澀史料，到處去田野調查、訪談、請教各領域的專業人士，最後再透過自己的漫畫技巧和詮釋功力讓這些經典人物在筆下重生。

做為研究這段歷史的文史工作者，看完漫畫還是忍不住紅了眼眶。我彷彿跟著巴克禮牧師經歷來到臺灣的點點滴滴，學習和臺灣人一起生活成長，以及和妻子留下的種種足跡。回到一八九五年的那一夜，當臺人寄予厚望的劉永福棄城逃離，臺南城內居民陷入徬徨無助之中，有人棄我們而去，卻也有人選擇和我們站在一起。身為臺南人，我衷心感謝巴克禮牧師的選擇與留給我們的一切，也謝謝寧欣創作了這麼一本值得所有臺灣人一讀再讀的漫畫。

為臺灣多走一里路

——盧啟明牧師　臺灣基督長老教會歷史委員會幹事兼歷史檔案館主任

各位讀者平安，很高興能為蠢羊（寧欣）創作的《臺灣名人傳記漫畫：巴克禮【臺文版】》為文介紹。在聖經裡，耶穌說什麼是愛？就是當羅馬士兵合法要求平民為其負重一里路時，就替他走兩里路；左臉被打時，連右臉也不怕被人用手背羞辱擊打。這不是自虐，而是希望用愛的行動，去感化、消融敵對之心。

巴克禮的生命故事，其實就是這樣的精神展現。他遍行山野，為的是傳揚福音，關心民眾。他在充滿詭譎的環境，不怕殺身之禍，願意為了居民的安危，前去作和平使者。他為了讓本地人能夠閱讀和受教育，運用了白話字（臺語羅馬字）、活版印刷術，修譯新舊約聖經及開辦學校，等於是開啟了一扇啟蒙之窗，拓展了人們的世界觀，為臺灣多走一里路。

本書作者是臺藝大科班出身，又曾任獨立網路平臺「沃草」的美編，關心各種社會議題，知道社會的脈動與欠缺，進而發現臺灣社會需要一些與庶民接軌的典範人物。不僅如此，作者還仔細刻劃巴克禮牧師娘伊莉莎白，看默默無聲的護理師，如何關懷社會、照顧會友。

她因為腦疾，本來要從西伯利亞鐵路回英國，最後決定回臺，可惜途中病逝，葬於上海。現在她的墓已經變成公園，找不到了，巴克禮則葬在臺南，然而，這本漫畫卻用溫暖的筆觸，讓他倆永遠同行。

事實上，關於巴氏的各種作品，近年來方興未艾，包括專書、繪本等都推出了，而巴克禮的回憶錄、伊莉莎白的故事小冊，這些歷史文獻也都已經找到，出版指日可待。不過剛好缺了一塊拼圖——就是漫畫。可喜地，透過作者巧妙的文字與畫圖，將所謂「焚而不燬」的精神，用簡潔的顏色線條，傳達出富有穿透力的感動，我想這也是為臺灣多走一里路。個人有幸擔任這個藝文創作專案的諮詢者之一，我非常樂意為大家推薦本書！

終其一生，對上帝及臺灣永恆的愛與認同

——胡忠銘 臺南神學院院長

欣見時報文化出版《臺灣名人傳記漫畫：巴克禮【臺文版】》一書，付梓之前，有幸受邀提序，深感榮幸。

在過去，巴克禮牧師（Rev. Thomas Barclay，1849-1935）的故事，大都以文字作為敘述，今，美術家蠢羊（寧欣）透過漫畫訴說巴克禮，藉由精采的圖畫描述其生活與信仰點滴，讓人得以輕鬆了解這位奉獻自己為上帝所用，將一生貢獻在臺灣的宣教師，著實令人讚嘆！

出生於英國蘇格蘭格拉斯哥的巴克禮，在基督教家庭長大，深受耶穌基督的愛、犧牲與奉獻之精神所影響，且在家人虔誠信仰的薰陶下，為效法基督，十六歲生日當天，巴克禮將自己的一生擺上，立志為上帝所用，乃在生日的誓約文上簽名，以表立志的決心。此後，每年生日，都會在誓約文再次簽名，表示立約之心，直到安息歸天為止。

巴克禮牧師在臺灣服事六十年，其偉大的貢獻與事蹟不勝枚舉，最值得一提的是其受基督教影響所散發出來的高尚人格，不但致力於福音與

神學教育的工作，還擔任臺灣第一所西式高等教育學府「府城大學」（Capital College），即現今「臺南神學院」的首任校長。

為了神學院的硬體設備所需，藉著回英國休假之便募集款項，回臺興建校舍。再者，從英國引進活字印刷技術，創辦臺灣第一家報社——臺南聚珍堂（《臺灣教會公報社》之前身），並投入臺灣話羅馬拼音的聖經（廈門音羅馬字聖經）翻譯與編撰工作。更於一八九五年甲午戰爭失利，清國割讓臺灣給日本，日軍準備進軍臺南時，被仕紳推派擔任和平使者與日方交涉，免於流血衝突。

讀者們可以藉由作者精采絕倫的漫畫，欣賞到巴克禮跨海來臺服務一甲子的貢獻，這之中涵蓋了宣教、神學、教育、文化、政治、社會……等多個層面，讓人從中清楚看到巴克禮牧師終其一生，對上帝及對臺灣永恆的愛與認同，委實福分備至，藉此推薦。

二〇二一聖誕節前夕寫於

臺南神學院

巴克禮是白話字的奠基者，現在臺灣教會牧師們在臺上所說的臺語，傳承於他翻譯出來的白話字聖經及臺羅拼音文字，同時他建立臺灣第一間報社並且帶領日軍和平進入府城、保護臺南平安。

這本漫畫，帶領我們認識巴克禮的貢獻。

——林立青 作家

走出教堂的社會運動者

雖然不是臺灣人，但比誰都還要愛臺灣這個地方——若列出這個條件，外國宣教師一定會占有相當的數量。

明明跟這地方毫無瓜葛，甚至聽都沒聽過臺灣這個名詞，卻還是帶著信念，遠渡重洋踏上這塊陌生的國度，他們將面臨多種語言考驗、政權更替的難題，還要時常承受肉體甚至生命的威脅——只為了將所懷抱的美好事物（信仰）分享給更多人知道。

這聽起來相當熱血，不是嗎？

我很喜歡看宣教師的故事，因為很像漫畫，懷抱信念的主角勇敢進入陌生的世界，面對各種他從未料過的挑戰——無論是基督教、天主教或其他教派，都有這樣看似不可思議的人們接二連三地為臺灣付出，只是很多人看到宣教師就會直覺想到負面的勾勾纏、騙財騙色，我希望不要因為少數的特例而讓這些人終其一生的奉獻被淹沒，所以從一開始我就決定要做一本宣教師的故事，不讓這些外來朋友在《臺灣名人傳記漫畫》系列中缺席。

我並不是要做一本宗教漫畫，只是我描寫的人物剛好有著堅定的信仰，而能挺過他要面對的各種問題，進而為臺灣人奉獻、服務——這是我做這本漫畫的想法。

我自己本身是個基督徒，又是出生自較為保守傳統的靈恩派，在十七歲前其實過著跟巴克禮在蘇格蘭沒什麼兩樣、清心寡慾的虔誠生活，甚至也想過當個傳道者，所以在繪製過程中滿能理解主人翁的想法。我覺得每個人的天賦只要用對地方，就會得到意外大的效果，主人翁巴克禮也是這樣，我相信滿腹學問的他踏上未開化的蠻夷之地時，絕對曾產生自我懷疑的心情——到底他所會的學問能在這發揮什麼用途？

他找到了他的用武之地，我也找到了，我現在是以繪畫傳達理念，將這些故事給更多人知道。

說到外國宣教師，大家最耳熟能詳的一定是馬偕了，在二〇二一年年中，臺灣爆發了武漢肺炎疫情，大家都不敢出門、各種活動全取消，在悶壞的日子中，我與作家林立青偶然聊天聊到宣教師，我倆都是有信仰背景的人，因此聊起來格外輕鬆，許多基督徒才懂的聖經地獄梗也能立刻明白（我的經紀人就是道教背景，她完全不懂我在說什麼笑話！），反正不能出門，只能在網路上搞各種事情來宣洩精力，我們就一起弄出了《鐵鉗宣教師：馬偕》。

這篇二十頁左右的黑白漫畫在網路上大受好評，教會的朋友看了也相當喜歡，我們覺得可以繼續做下去，所以我決定：《臺灣名人傳記漫畫》系列的第二集主題就是宣教師。

搬來臺南後，我注意到這裡有很多的教會與廟宇，有的教會外觀看起來幾乎就與中式廟宇沒什麼差異，當初長老教傳入臺灣時，就是從南部府城、北部艋舺開始，所以能夠看到非常多百年教會。

當然，還有同樣隸屬於教會的學校、醫院，我在繪製「巴克禮」時因為過度壓力，下巴張不開，也是去新樓醫院治好的；負責這本漫畫翻譯之一的吾友薛翰駿表示，他就是在新樓醫院出生；在臺南後火車站能看到神學院、公報社、檔案館和各種當年留下的建築……當我騎機車到其他縣市旅行取材時，也常常看見教會座落在村落、小鎮的一隅。

先前拜訪鄭南榕基金會，在導覽中得知，教會在南榕自焚前每個星期都會到報社做禮拜，做他精神上的支持與安慰。在繪製這本書的期間遇到了陳柏惟罷免事件，也能看到教會社團多次出來幫忙；還有很多社會運動事件中，也都能看到教會社團發表聲明、公開聲援，都讓我相當驚訝原來教會與社運走得如此接近。

我想，這與教會早期決定要「本土化」的決策是相當有關的，它不再是外國宣教師所帶來的外國信仰，而是成為了本土的信仰之一。

在取材期間，我也曾到巴克禮紀念教會做禮拜，從中找尋靈感，不過對我來說算是種衝擊——以前我所待的靈恩派禮拜風格相當嚴肅且無趣，你得從早上九點半坐在教會聽道，中午跟一群教友吃飯，然後下午再做禮拜，或者上兒童教育課程，一整天你都得被「關」在教會裡，禱告時得跪十幾二十分鐘，甚至有到半小時的，跪得我每次禱告結束都差點爬不起來。

不過幸好，長老教的禮拜風格沒這麼hardcore，甚至可以說有點太輕鬆了，我記得我有次到臺東的某間原住民教會參加禮拜，那風格又更開放了。

我到巴克禮紀念教會做禮拜取材時，相當自然地借了公用的聖經與聖詩，打開來看竟然有臺語拼音，聖經翻譯也與我之前看的和合本[5]相當不同，很好讀懂，這一切都讓從小就習慣嚴肅無趣的我整個有種「三觀被扶正」的感覺。

每個人的生命總會發生一些事情，讓人放棄曾有的信仰，或者離開熟悉的地方。離開教會也十多年了，這次畫了教會的題材，或多或少也會出現回去教會的想法，不過對我來說，耶穌是個社會運動者，他走出教堂去各處傳教，甚至是個會在聖殿中掀桌趕走商人的激進分子，我憧憬的是「傳達理念」這個行為，而不是非得坐在教會裡面乖乖聽道理做禮拜，那樣的生活對現在的我來說太和平安逸了。

我還是會維持現在的生活，不過也許我會稍微多稱自己是基督徒幾次，而不會否認或保持沉默吧。

這次出版了宣教師漫畫，還另外自費出版了同人誌，收錄了萬榮華、馬偕、馬雅各，都是長老教派的宣教師，不過也請不要因此誤會，其實有非常多教派的教會都曾派過宣教師來到臺灣，儘管本故事的背景是在將近兩百年前的臺灣，即使是現在這個時代，也依舊有宣教師在臺灣奉獻其一生——甚至在最後，因為不願浪費臺灣醫療資源，於是年老後決定回到家鄉自我凋零。

他們有著不同膚色，卻比許多在此生此長的人都還深愛這個地方，他們不是什麼外國人，他們就是臺灣人。

本書內容大部分都是改編於萬榮華所寫的《福爾摩沙的巴克禮》（*Barclay of Formosa*），這個書名已充分傳達了巴克禮的自我認同，我想不會有任何人反對。

因此，我此書比前一冊多出了個副標——臺灣的巴克禮（*Barclay of Taiwan*），算是對萬校長著作的致敬與呼應。

感謝長老教會歷史檔案館的主任願意掛名顧問、提供教會的資料圖片給我作繪製參考，並推薦這本漫畫，我在製作過程中去了數次檔案館，真的擁有相當齊全的資料。

也相當感謝王子碩顧問提供各種史料照片，感謝辛苦的翻譯，翰駿與盈佳在翻譯過程中迎來了他們的第一個孩子，竟然還在月子中心努力翻譯，真的是非常感謝；更感謝之後幫忙接手的陳豐惠老師，這本書才得以製作完成、出版。

下一本的人物漫畫，我希望是個女性，說到「歷史上臺灣的女性名人」，你會想到誰呢？很多人支吾了半天都沒能想到個名字，這很有趣，請期待一下她的登場吧！

註5：指《聖經和合本》，是華人基督教會最普遍使用的聖經譯本。

參考資料

長老教會聲明：一九七一年《對國是的聲明與建議》、一九七五年《我們的呼籲》、一九七七年《人權宣言》
《那一年，寄不出去的教會公報：活路九期合訂本》（林培松編／臺灣教會公報社出版／二〇一七）
《活路》第四期（臺灣教會公報社發行／一九八七）
《臺灣教會公報》第一八二五期（臺灣教會公報社發行／一九八七）
《校長回憶錄：臺灣省臺南市私立長榮中學七十週年校慶紀念刊物》（私立長榮中學編印／一九五六）
《臺灣基督長老教會的社會、政治倫理》（陳南州著／永望文化事業出版／一九九一）
《觀．臺灣》第四十六期：在福爾摩沙旅行（林孟欣、陳涵郁編／國立臺灣歷史博物館出版／二〇二〇）
《大日本帝国陸海軍一軍装と装備》（中田商店出版／一九八七）
《大日本帝国陸海軍一軍装と装備 2》（中田昭夫著／池宮商会出版／二〇一〇）

《南部臺灣基督長老教會設教七十週年紀念寫真帖》（臺南長老教會編／教會公報社出版／二〇〇四）

《福爾摩沙的巴克禮》Barclay of Formosa（萬榮華著／國立臺灣歷史博物館出版／二〇一五）

《写真で見る明治の軍裝》（藤田昌雄著／潮書房光人社出版／二〇一五）

《用白話字傳好消息：巴克禮牧師的故事》（江淑文著、盧恩鈴繪／臺灣教會公報社出版／二〇一二）

《為愛航向福爾摩沙：巴克禮博士傳》（潘稀祺牧師／人光出版社出版／二〇〇三）

FUN系列 86

臺灣名人傳記漫畫：巴克禮【臺文版】

作　　者—蠹羊
臺文翻譯—陳豐惠、李盈佳、薛翰駿
臺文審定—陳豐惠
內容顧問—王子碩、盧啟明
主　　編—陳信宏
責任編輯—王瓊苹
責任企劃—吳美瑤
美術設計—FE設計
內頁排版—執筆者企業社
贊助單位—文化部

編輯總監—蘇清霖
董 事 長—趙政岷
出 版 者—時報文化出版企業股份有限公司
一〇八〇一九臺北市和平西路三段二四〇號七樓
發行專線—（〇二）二三〇六六八四二
讀者服務專線—（〇八〇〇）二三一七〇五・（〇二）二三〇四七一〇三
讀者服務傳真—（〇二）二三〇四六八五八
郵撥—一九三四四七二四　時報文化出版公司
信箱—一〇八九九臺北華江橋郵局第九九信箱
時報悅讀網—http://www.readingtimes.com.tw
電子郵件信箱—newlife@readingtimes.com.tw
時報出版愛讀者粉絲團—http://www.facebook.com/readingtimes.2
法律顧問—理律法律事務所 陳長文律師、李念祖律師
印　　刷—勁達印刷有限公司
初版一刷—二〇二二年二月十一日
定　　價—新臺幣三二〇元

時報文化出版公司成立於一九七五年，並於一九九九年股票上櫃公開發行，於二〇〇八年脫離中時集團非屬旺中，以「尊重智慧與創意的文化事業」為信念。

ISBN 978-957-13-9931-7
Printed in Taiwan

目錄

P004

聖詩 我雖走過死蔭幽谷，
也必不怕遭害，
因為你與我同在；
你的杖、
你的竿，安慰我……
（詩篇23：4）

市民 這些就是我們所有人的請願書……
整整兩師團的日軍……
他們還貼公告要砲擊臺南！

P005

聖詩 在我敵人面前……
使我福杯滿溢

市民 拜託了！巴牧師！
請救救大家！
全靠你了！

轎夫 我才不要去日本軍那！
送死嗎？
瘋了！
不做了不做！

宋忠堅 已經離府城有段距離了，還行嗎？
巴克禮牧師。

巴克禮 沒問題的，宋忠堅牧師。

P006

巴克禮 雖然感到不安，但這是上帝給我們的試練，我相信祂定有安排。

市民 請救救府城吧，巴克禮牧師！
兩師團的日軍就要來了！
劉永福的人全部逃光啦！
領事館說他們將要砲擊臺南！
請幫我們去跟日軍交涉！

I 適合走山路的這雙長腿

P008

一八八五年・屏東二崙

巴克禮 只要……上帝一定會……全心全意……就能得救。

湯瑪仕・巴克禮
（三十六）

暴徒 開門！
我知道你們信耶穌的都在裡面！

信徒 糟糕……他們要來找麻煩了！

巴克禮 我來跟他們談吧，你們小心別受傷。

信徒 巴牧師……

巴克禮 不要緊，他們不敢傷害外國人的。

P009

巴克禮 我相信若能好好坐下來談的話……

暴徒 就是這個紅毛番！
我們才不要基督教！
不滾出去就給你一點顏色瞧瞧！

巴克禮 （……糞？）
原本以為，在臺灣傳教快十年了，不會再遇到這種事情——

P010

在事情變得更糟糕以前，請容我先作個自我介紹。

汲約翰 這個反應很小呢，可以說是幾乎不通電。

巴克禮 那麼再試試看下個介質吧，這次試的是

——

我是湯瑪仕・巴克禮，來自英國的蘇格蘭，那時電學正開始發展，大家都非常有興趣，

汲約翰 哇啊！

巴克禮 沒事吧約翰！

我跟汲約翰幫湯普森教授記錄各種數據，主旨是探討如何測量各種介電質的感應數據。

P011

這份研究報告讓我們的名字被記載在大英百科中，當時，我們和另一位朋友馬啟辰一起被合稱為「格拉斯哥三傑」。

教授 巴克禮，你也快畢業了，真的不考慮跟著我研究電學嗎？科學可是未來一世紀的趨勢呢！

巴克禮 我相信，也非常感謝湯普森教授這麼重用我，但是我已經決定把自己獻給上帝了！

十六歲那年，我決心回家鄉當個牧師。

P012

只是那時正好各國教會掀起了前往東方的風潮，派出了大量宣教師拓展海外教會，我本來是反對的，想留在家鄉蘇格蘭……

海外派 英格蘭和蘇格蘭加起來的牧師比，高達異教徒世界的十七倍！蘇格蘭的牧師數，一人要照顧一百人的話，海外比例就要到四五萬人之多！你可曾想過，福爾摩沙這個有著許多蠻族的地方，只有四、五個宣教師在努力？

海外派同儕的這番話改變了我的看法，東方的清國，在我們眼中是無比神祕，充滿未知……

海外派 而他們在野蠻人之中又能做什麼？

於是，改變心意的我與汲約翰一起申請到中國去當宣教師。

P013

教會人員 汲約翰將前往清國的汕頭，而巴克禮負責福爾摩沙。

※：當時的福爾摩沙由清國治理。

巴克禮 要分開了啊……

汲約翰 沒想到你會被分到福爾摩沙，我還真沒聽過那個地方呢。

巴克禮 我只知道那個地方有很多山，也許是因為我的腿長、適合走山路，才把我分去福爾摩沙吧！

汲約翰 可能喔，哈哈哈！

P014

這就是我來到福爾摩沙之前的——

信徒 啊啊啊啊巴牧師！

請不要這樣！

海外派說的一點都沒錯，

巴克禮 我說你們……

P015

有這種跟蘇格蘭一樣的想法是錯誤的……

巴克禮 真是浪費了肥水，種稻時會需要的啊。

暴徒 啥？

要你多事啊！

信徒 不可以傷害外國人！

暴徒 那就打這些信耶穌的！

信徒 呀啊！

巴克禮 你們！住手啊！

暴徒 紅毛番都不是好東西！

屋主呢？

找出來打死他！

和我所待過的世界完全不一樣，我想，這就是上帝給我的試煉吧……

— 適合走山路的這雙長腿 end

P016

「護照」

道臺（官府）核發之官方文件。

十九世紀中後，清國與西方各國簽訂合約，護照制度逐漸完備，以利前來傳教和旅行的外國人通行或向地方官求援。

護照發給的形式十分多樣，如加拿大長老教會的吳威廉牧師，就曾拿過彰化縣知縣發的三十公分護照……

II 始終跨不過的那道門檻

P018

巴克禮 唉……還好護照藏在睡衣腰帶裡沒被搶走。

婦人 牧師你沒事吧？

巴克禮 沒事，我坐一下……

……

沒想到還會遇到這種事……

（都離開了還追上來……）

暴徒 別跑！

把護照交出來！

婦人 還好旁邊的農夫有來幫忙……

巴克禮 真的是意料之外……

（但是錶跟錶鏈被搶了……）

P019

巴克禮 教會這二十年來不斷地派人來臺灣，但無論是前輩還是我，至今都還是被臺灣人當成敵人……教堂被拆、被趕出城……沒想到今天連潑糞都出現了……

婦人 但牧師您們還是沒放棄我們這些信徒啊！

巴克禮 啊，是的……

P020

巴克禮 前輩們以自己所學來想辦法增加信徒，為病人治病而得到好感，進而被信任……

民眾 紅毛番還會給能賣錢的藥～

賺死啦！

巴克禮 雖然也因為這樣，吸引了不少為利益而來的信徒，但我來到臺灣後能這麼順利……都是因為有前輩們用專長打下的基礎。

沒料到還會遇上這麼荒唐的事情……

我真的，太天真了啊……

P021

巴克禮（還以為剛來臺灣那段時間就是最難熬的了……）

萬巴德 巴克禮牧師，好多了嗎？

巴克禮 嗯……稍微沒那麼燒了……

萬巴德 請多休息，不要勉強。臺灣的瘴癘之氣對初訪者可是莫大的考驗啊！

萬巴德醫生

巴克禮 抱歉……我什麼忙都沒能幫上就先生病了……

萬巴德 不要緊，趁機先學語言也是行的。

高雄・旗後

萬巴德 現在很多漢人會來這棟醫館求援，可以說相當安全。請您安心地養病，然後為上帝服事吧。

P022

巴克禮 安全？以前曾遭遇什麼危險嗎？

萬巴德 呵呵，曾經搞到整條街暴動呢。

巴克禮 什麼?!

萬巴德 大概是怕搶生意吧，漢醫對我們總抱著敵意……在府城時，漢醫編謠馬雅各醫師會挖人眼和人心來製藥……其他人相信了，就把他趕出府城……

巴克禮 哪有可能用人肉製藥！

※：當時漢醫有用番膏入藥，番膏即為原住民的肉。

萬巴德 是啊……倒是我們的信徒被漢人挖出心臟來吃掉了。

巴克禮 慢著！什麼？吃掉了？

萬巴德 對，就是被人吃掉了。

※：一八六八年，左營，莊清風成為第一位殉道的信徒。

P023

萬巴德 總之請先安心養病吧，不把身體養好怎麼工作呢？

巴克禮 是的。

後來，我在床上躺了四個月後才康復。

我找漢人老師學了些漢文。

巴克禮 終於可以開始我的工作了！福爾摩沙人啊！你們聽過福音嗎？

眾人 福音？（客家語）

什麼？（排灣族語）

他說啥？（鄒族語）

又來一個紅毛番。（泰雅語）

然後馬上發現光只會漢文根本遠遠不足。

P024

巴克禮 雖然經常跌跌撞撞，但也還是努力地工作至今。從事研究的我不會醫術，自然沒有辦法像前輩們一樣行醫、快速地增加信徒……但是我也深深相信……上帝派我來到這裡，就是因為我一定可以做些什麼！

P025

巴克禮 雖然這次事件讓我很受傷，但我不會放棄的，走吧，該回府城了！

婦人 巴牧師！

我是英國長老教會派駐福爾摩沙的第五位宣教師——湯瑪仕・巴克禮，無論遇到什麼挫折，我都必須堅持下去，為後面的人鋪路……同時，這也是為了臺灣！

＝始終跨不過的那道門檻 end

P026

「懷錶與錶鏈」

巴克禮在與追上來的村人拉扯中掉

落，因為通常只有宣教師擁有機械錶這種高級的物品，很難變賣，後來清國官員還給了巴克禮。

萬榮華校長也是因為全校只有他有錶，而得由他負責打鐘。

III 為了讓臺灣人能「讀」

P028

農民 啊，牧師早啊！

他就是那個紅毛番喔？

巴克禮 大家好，在收割嗎？

農民 對啊，大家一起比較快！

紅毛的要一起吃飯嗎？

巴克禮 哈哈我剛吃飽，謝謝你們！大家辛苦了！

信徒會叫我「牧師」，而不是信徒的大部分都叫我「紅毛番」，但其實「紅毛番」一開始並不是指我們這些英國人……

P029

長老教會也不是第一個到臺灣傳教的教派，十七世紀時曾有三十七位荷蘭宣教師來臺，之後還有西班牙的……但是鄭成功驅逐荷蘭人以後，傳教工作也隨之結束。

巴克禮 然而信仰就像小草，只要宣教師一離開……就會被連根拔起，一切重新歸零。

P030

「紅毛番」這個稱呼就是最大的關鍵！比起輪廓深邃、髮色特殊的西方宣教師，福爾摩沙人更容易相信同文同種的東方人。

巴克禮（之前我有帶過一個福爾摩沙人。）

李豹 大家好，我是李豹。我已經改信耶穌了！大家不要再拜偶像啦！

巴克禮（你這樣講我們馬上會被趕出去啊！）

我讓他試著分享自身經驗給福爾摩沙人聽。

P031

民眾 你這叛徒！信什麼洋神？

你祖先誰來拜啊？

李豹 請大家先冷靜下來聽我說！我本來是個散盡家產的賭徒！

李豹 是這個宗教……

我站在旁邊觀察他們之間的互動變化，效果超乎預期的好。

※：《吳文水和李豹的故事》

如果訓練漢人傳教師，那麼基督教就有機會真正在地扎根！

李豹 金盆洗手很久啦！

民眾 真的？十八啦？

李豹 那個以前很愛玩，現在不玩了！

即使有一天我們被趕走了，基督也能留下。

P032

而這卻是最大的問題所在——

文盲九成以上！

巴克禮 讀書認字都沒有辦法了，更何況看聖經……真的跟英國完全相反……

※：當時英國識字率約八成。

巴克禮 漢字過於複雜，平時農忙的人們根本無法學習（我也沒學很好）……但這也是福爾摩沙的特色……多種語言和複雜的族群，大家都在這座小島上努力生活。

P033

巴克禮 讓沒受過教育的平民會讀經，農人會覆誦其故事……任何族群的幼兒都能歌唱！建立在能滿足這些需求上的「簡單語言」，就是能讓教會真正落地生根的磐石！

P034

於是，一八七八年，也就是我來臺的第三年，我便開始推動「簡單語言」的教育工作。以簡單的ＡＢＣ做基礎的拼音文字「白話字」。只要能聽能說，就能讀得懂！當我聽到沒聽過的詞彙，我就會立刻記下意思，來確保這個語言更加完整。

P035

信徒 第一條，敬拜獨一真神……真的唸得出來！

巴克禮 來教會能學白話字哦！

信徒 真的能聽懂就能讀嗎？

巴克禮 當然……！

士大夫 什麼白話字啊！你這紅毛番！漢文豈是這種膚淺的語言！你們洋人學者怎麼如此不學無術？你搞這個什麼白話字完全喪失漢文的意義了！

P036

士大夫 這種人竟然自稱學者？真的沒救了啦！

信徒 巴牧師……

巴克禮 ……你看得懂這上面寫的東西嗎？

信徒 啊，是，完全看得懂！

巴克禮 那就好！等等回去我教你讀聖經吧！

信徒 好！

臺灣的知識分子都相當看不起白話字，甚至跟著看不起我，但是只要一想到能讓大家「讀」……我就不在乎這些批評了。

P037

巴克禮 接下來這兩題有誰會算？

學生 九！

二十四啦喔？

三十六！

才不是二十四咧！

我也親自擔起教育的責任，英國長老教會一向有著優良的牧師傳道團隊，這些優秀的人才都出身於「神學院」，在英國，通常是指大學這種高等教育，不過那是在英國。

P038

學生 三個八加起來是多少？

二十四啦！

三十八啊！

二十六！

巴克禮 ……

神學院的第一批學生全部沒受過初級教

育。即使其中有人會讀儒家經典，卻對天文地理數學一竅不通。

學生 灼灼其華……

真的嗎?!臺灣！這就是臺灣的形狀嗎？

世界怎麼可能是圓的？

清國不是世界中心嗎？

為了建立神學院，我們稍微改建了下醫館。

巴克禮 請搬進來——

P039

讓一切看起來逐漸有模有樣。

學生 對了老師，你有看過火金姑嗎？

昨晚我們有看到喔！

巴克禮 火金姑是一種女性嗎？

學生 不是。

巴克禮 請告訴我，我記下來！

學生 牠是一種蟲……

我的臺語也因為與學生相處變得流利。

由我擔任校長，其他牧師幫忙支援各科目，建立神學院的過程讓我非常開心，大家都付出自己的專長，一起打下教會扎根的基礎。

甘為霖

宋忠堅

P040

而遠在英國的前輩也沒忘記臺灣……

巴克禮 馬雅各前輩！真的太感謝你捐的印刷機了！臺灣還沒有活版印刷的設備或技術！真的太需要了！

一八八一年・英國 巴克禮（三十二）

馬雅各 哈哈，我聽到你在推白話字時就覺得你會需要！

馬雅各（四十五） 第一位來臺的 長老教宣教師

巴克禮 真的！以後就能自己印教材了！

馬雅各 等等，巴克禮你應該是回來休假的吧？

巴克禮 對！我馬上就去學印刷技術！

馬雅各 不是，你至少先回家休息啊……

P041

一八八一年，我第一次休假回到了英國，花了些時間在格拉斯哥的印刷廠，雖然是休假期間，但我只要一想到回臺灣後就能印出更多的白話字刊物……我就不禁學得更加投入。

巴克禮 抱歉！我遲到啦！

友人 真難得巴克禮會遲到呢！

巴克禮 我不小心花太多時間在印刷機上了！

友人 啊？印刷機？

巴克禮 對！我學會印刷術的話，回臺灣後就能自己印了！

友人 慢著，你是回來休假吧？巴克禮！還是一樣是個工作狂呢！

P042

一八八四年・臺南

巴克禮 成功啦！印出來了！

宋忠堅 字好清楚……太好了……

甘為霖 馬上把剩下的印出來、發出去吧！

我們在五月二十四日成功印出第一份印刷品。東方第一份教會刊物在隔年的七月十二日於福爾摩沙創刊。

P043

當時的名稱是《臺灣府城教會報》，因為刊登信徒在會議中的發言和各種新聞，而大受好評！

婦人 我說的話被印出來了！

這份刊物未來將成為臺灣歷史最悠久的報紙。後來我們在學校大門附近蓋了間機房，我們可以自己印製需求逐年上升的聖經與各種刊物，我叫它——《聚珍堂》。

老婦人 巴牧師！我們聽說您被潑糞了。

老先生 您真是心胸寬大！被人潑糞了竟然還能勸他們應該拿糞去種稻！

巴克禮 呃不……那是種英式幽默……絕對不是心胸寬大。

信徒 巴牧師，外找！

P044

官吏 英國牧師巴克禮，先前在二崙遭遇暴徒一事……官府已派人將暴徒一網打盡，並處以杖刑！

犯人 好痛啊……

巴克禮 一網打盡？但那天不只兩個人……

官吏 也已將暴徒竊取之物取回，連同賠償金一同歸還！

巴克禮 我的懷錶和錶鏈！

P045

官吏 另外，官府亦已公告譴責庄民，二崙聚會所為耶穌教所有地，未來可繼續使用！

眾人 真的嗎？

太好了！

可以繼續去二崙傳教了！

信徒的忍耐，讓親友們看不下去，憤而告上道臺……

信徒親友 太過分了那些傢伙連自己人都打！走！咱來去告官府！

雖然清國官府也只是草草了事，但這件不愉快的事總算告一段落。我們因此在二崙獲得立足之地……我想，這也是上帝的意思吧。通過試煉，然後得到意料之外的收穫……

P046

今年剛好是我來臺的第十年，神學院、聚珍堂、新樓醫院和各種教育機構……一切總算慢慢上了軌道。

巴克禮 該去上課了！

巴克禮 日安。

學生 日安。

P047

信徒 巴牧師！又有信徒在街上被打啦！

巴克禮 又來?!

雖然偶爾還是會有信徒受到迫害……

巴克禮 報官了嗎？

宋忠堅 報了！官府不回應啊！

巴克禮 嘖！

暴徒 基督徒滾出去啦！

什麼白話字？

誰要跟你信耶穌！

雖然還是會有漢人罵我是紅毛番……

暴徒 紅毛番滾出去！

巴克禮 我們的行為都是合法的。

暴徒 合什麼法？官府你們英國紅毛番開的？

但是，我相信……

暴徒 有種別跑進領事館啊！

巴克禮 你們……

信徒 啊啊啊！

暴徒 那邊的不要跑！

在上帝帶領下一切都會越來越順利的！

＝為了讓臺灣人能「讀」end

P048

「臺灣的第一台活字印刷機」

目前依然存在，由位於高雄的「國立科學工藝博物館」維修、展示。

P050

Ⅳ 終身奉獻的同伴

一八九二年十一月十八日・蘇格蘭

眾人 恭喜！

我第二次返回英國述職，並與伊莉莎白結婚，她小我十歲，是一位護士。

P051

三天後，十一月二十一日
巴克禮的生日

伊莉莎白 福爾摩沙？不是清國嗎？沒有聽過的地方啊……

巴克禮 是啊，我一開始也是這麼想的，但……那裡雖然由清國治理，不過卻相當不一樣……

福爾摩沙有很多山，我想應該是因為我的腿很長，很適合走山路吧！

伊莉莎白 那麼扭傷時我就能派得上用場了！

巴克禮 伊莉莎白……

其實，除了請妳跟我一起前往臺灣以外，我還有個邀請希望妳答應……

伊莉莎白 ？

P052

巴克禮 這是我自己寫的「獻身文」……可能妳會覺得有些荒謬……但是在我十六歲時，我確信我聽到上帝的感召……

上帝 （你要成為一名神職人員，牧養我的羊群。）

巴克禮 我便放棄了經商和購買莊園的夢想，決心成為一名宣教師，因此寫下這份獻身文，來提醒自己的初心。每年生日時我都會在上面簽名……

P053

伊莉莎白 請讓我也一起簽名吧！

巴克禮 伊莉莎白！

伊莉莎白 從今以後，無論在蘇格蘭還是福爾摩沙……我會陪伴你過每個生日，以我所長來幫助你。

巴克禮 伊莉莎白……

伊莉莎白 請儘管放心地去做上帝要你做的事吧！

P054

當我們一起回到福爾摩沙後，她的確非常地活躍，護理師的耐心與專業，讓伊莉莎白受到信徒們的愛戴……好像被取走的部分回到了身上的感覺，一切都變完整了。我們的專長宣教與醫療結合在一起，讓工作變得更加順利。

P055

我剛來到福爾摩沙時，因為不懂醫療，無法跟前輩們一樣快速增加信徒，因而感到徬徨無力……伊莉莎白會隨身帶著完整的醫療裝備，我講道、她醫治病患，現在有大批的罹病人民湧向我們求助！

她甚至願意陪我進入危險的東臺灣！

友人 別去啊伊莉莎白，生番會砍人頭的！

伊莉莎白 巴克禮如果失去了他的頭，我的頭也沒什麼獨立存在的價值了！

只是在我們全心為上帝服務臺灣時，臺灣島外正進行著一場戰爭……而我也將面臨上帝所給過我最大的考驗……

IV 終身奉獻的同伴 end

P056

「獻身文」

巴克禮獨有的個人特色文件，從十六歲開始每年生日他都會在上面簽名，將自己重新獻給上帝。結婚後伊莉莎白也會跟他一起簽名，這份文件一直到巴克禮過世以後，才被世人發現。

目前由臺南神學院保存，二〇一八年被登錄在文化部第一屆「臺灣世界記憶國家名錄」中。

V 跨越黑夜的英國和平使

P058

一八九四年，日本戰勝了清國，於一八九五年簽訂了《馬關條約》，將臺灣割讓給日本……

唐景崧 清國沒有輸！來吧！我們要做清國的最後抗線！組成臺灣民主國抵抗日本！

唐景崧成為臺灣民主國第一任總統

收到反抗消息的日本派出軍隊，登陸澳底……

民軍 總統！日軍……

唐總統人呢?!

官員全部不見啦！

怎麼會?!

啊啊啊日軍要來啦！

只能直接投降啦！

臺灣北部的反抗迅速地結束了，但是南部的民軍並沒有因此瓦解，以府城為中心的黑旗軍持續著抵抗。

劉永福

P059

日軍開始進入臺灣後，中部的天主教派因為歡迎日軍而引發不滿，在日軍轉去他處後……

暴徒 背骨仔！

跟日本人是一夥的！
殺光他們！
雖然我們（長老教）沒受到連累，但看了也心慌。

巴克禮 總之，先將女仕全疏散到廈門，保護安全吧。

宋忠堅 臺灣民主國護照真的有用嗎？我們這些留在臺灣的外國人，都做好了隨時被攻擊的準備。

伊莉莎白 巴克禮……

七月・臺南

巴克禮 啊……

P 060

宋忠堅 天啊，燒到四十度了！這樣下去不行的，巴牧師！

巴克禮 沒關係……之前已經撐過一次了……這次一定也……

宋忠堅 說什麼傻話！

巴克禮 外面狀況不安全……

宋忠堅 是沒錯，漢人都不敢開門做生意，醫館也是，可是……

余饒理 ！

眾人 伊莉莎白牧師娘！

伊莉莎白 我回來了，巴克禮他怎麼了？

眾人 他害熱病，燒到四十度了！您回來得太好了！

巴克禮 伊莉莎白……妳不是在廈門？

伊莉莎白 我突然覺得你非常需要我，所以我回來了！躺著別說話，我馬上為你治療！在我最軟弱、需要幫助的時候……

巴克禮 伊莉莎白……

P 061

她帶我離開臺南，前往廈門，然後在醫師建議下遠渡日本療養。

巴克禮 真的很謝謝妳，伊莉莎白。

伊莉莎白 不是說了嗎？你扭傷時我就能派上用場了！快好起來，我們再回去福爾摩沙！

病癒後，我先回到臺灣，她與其他女仕留在廈門等待政局平穩。

巴克禮（再次踏上這座島嶼已是不同政權……但是不管哪個政權，教會都是一樣的立場……）

P 062

巴克禮 就是提供人們心靈的依靠……！

教會眾人 掛得這麼高應該就沒問題了吧……雖然我們英國人相對安全，但是也希望日軍不要真的砲擊臺南城啊。
但我們不知道的是，日軍抓了我們在澎湖的傳教師，逼他帶日軍進城，因此臺灣人紛紛覺得我們與日軍掛勾……

日軍 啊其實是基督徒比較可靠啦，不然，一般漢人拿完錢就會偷溜走啦。

基督徒 上帝說不可以說謊！

漢人 誰理你啊！

巴克禮 真是謝謝你們為信徒的誠實作見證，但可以不要在這方面嗎！（超困擾）

民眾 欸，你們看。
那些紅毛番掛他們的國旗……
果然謠言是真的！
這些紅毛番在對日軍施放訊號……！

P063

不信任的種子在漢人心中種下，十月九日日軍攻陷嘉義，有人認為一定跟我們脫不了關係……

民眾　我軍輸光了……可惡！

怎麼會？

一定發生了跟嘉義一樣的事啦！

有人為日軍帶路！

什麼？

一定是這些基督徒勾結日本狗！

信徒　怎麼……

暴徒　沒錯！

殺光他們！

信徒　等等……

暴徒　以免他們帶日本人進麻豆！

信徒　住手啊！

地理上靠近嘉義的麻豆，居民聽信了退敗的黑旗軍所言，而失去理智。一名神學生剛好回麻豆去找姊姊，他目睹了這場悲劇……

神學生　姊…姊姊……

信徒　我們不是都漢人嗎……啊啊啊啊

他躲到入夜，安全後立刻趕回臺南告知我們……

P064

巴克禮　高達十五位信徒遇害，還有四位非教徒……到底這些人有沒有把他們當成同胞啊……

宋忠堅　謝謝你忍著悲傷回來告訴我們這些事……

信徒　不好了！牧師！府城的人聽到屠殺的事也跑過來了！

暴徒　殺死基督徒！

你們這些幫日本人帶路的背骨仔！

出來！

P065

宋忠堅　我想他們應該不是來悼念的。

巴克禮　他們應該很樂於把我們吊死吧。

為了信徒的安全，我們開了許多會。

巴克禮　有錢的信徒已經都安置好了，但是那些較貧困的呢？

余饒理　我們出錢把他們也送去廈門？

信徒　巴牧師、宋牧師！英國領事館說有事請你們幫忙！

巴克禮　領事館？

宋忠堅　幫忙？

臺南・安平・日軍軍艦

P066

日本軍官　黑旗軍首領不敢跟我們會面，因此央請國內外國人來跟我談府城投降一事。不過你們似乎也不會說日語啊。

巴克禮　對……我們也只是宣教師而已……

宋忠堅　（那些漢人！）

宋忠堅　真是的，竟然把我們推出去擋……

巴克禮　領事館跟民軍到底在想什麼？我們只是宣教師啊……

宋忠堅　趕快回去吧，教區沒我們怕出事……

巴克禮　對……咦？那是民軍吧？

宋忠堅　是劉永福的黑旗軍沒錯，他們往安平去了呢。他們終於要自己去談了啊……

P067

※：此地產屬於新怡記洋行所有。

宋忠堅 那個英文告示……他們哪弄來的？

巴克禮 大概有洋行的人這麼做，他們便學吧。

宋忠堅 如果出租教區供大家避難的話應該可以賺一筆呢！

巴克禮 哈哈，戰爭時大家都想逃進外國人領地避難呢……

告示牌 日軍若進城，都是基督徒幫他們帶路！

一旦日本人進來就會開始屠殺！

我們應該先反制，殺死所有信耶穌教的背骨仔！

宋忠堅 既覺得我們的身分很安全，又同時想害我們嗎……

巴克禮 別想了，快回教區吧。

隔天

P068

信徒 市民都在說劉永福逃走了…

宣教師們 ……！

宋忠堅 原來昨天他不是要自己去面對日軍，而是跑路啊……

漢人啊……

巴克禮 振作點啊，宋忠堅牧師！

余饒理 別埋怨他人的軟弱了，我們來開會商討現況該如何是好吧？

余饒理

宋忠堅 唉……

於是我們迅速開了一場會，昨天已去過安平的我與宋牧師待在市區安撫信徒，余饒理則是去安平向日軍轉達教會的意思。

P069

巴克禮 讓我們一起為臺南祈禱……

信徒 巴牧師！宋牧師要我傳話給你！請您立刻到他家去！

巴克禮 怎麼回事?!

巴克禮 宋牧師，這是……

宋忠堅 巴克禮……

紳商 不好意思，因為事發突然……

我們也很不知所措……

因為……

P070

紳商 所有的官員都逃走了。

巴克禮 啊？

紳商 都找遍了……但就像是人間蒸發了一樣……所有管事的全逃走了……

現在臺南等於是座空城啊！

要是暴徒知道城中無王法的話，絕對會開始燒殺擄掠的！

與其被那些混混打劫，不如直接讓日本人接管……

巴克禮 所以？

紳商 ……所以！

P071

紳商 請您代替我們與日本人交涉吧！巴牧師！

您是外國人，又是資深的宣教師……

他們一定會聽你的！

巴克禮 什麼?!

紳商 請幫我們告訴日軍，臺南願意讓他們掌控！而且是無條件的！

巴克禮 別開玩笑了，我又不會日語……

紳商 你不是有那個什麼白話字嗎？

巴克禮 不一樣！完全不一樣啊！

紳商 萬事拜託！巴牧師！雖然以前真的對您做了非常多過意不去的事情……但是現在真的只有你能救大家了！

巴克禮 恕我拒絕。

P072

紳商 !!

巴克禮 前幾天而已，毫無證據地指控基督徒跟日軍掛勾……我們有十五位會友因此遇害，更有毫不相干的人莫名犧牲！若我們真的跟日軍接觸，那不就更坐實是我們引進日本人的謠傳嗎？往後將會有更多的基督徒與無辜之人遭受屠殺！

P073

巴克禮 作為神學院校長……我絕不會讓這樣的事情發生！

紳商 唔……！

巴克禮 這是福爾摩沙人與日本人的事情，本來就與英國無關，除非你們這些百姓紳商願意負起所有責任！

宋忠堅 巴克禮……！

紳商 當然可以！太感謝您了巴牧師！我們絕對願意負責！你們需要什麼都儘管吩咐！

宋忠堅 巴牧師……這樣真的好嗎？

巴克禮 啊啊，躲進英國領事館當然是最簡單了……

P074

巴克禮 帶著信徒們躲進領事館也很簡單，但是，宋牧師，你看看這些百姓的眼神。要愛你的仇敵，為逼迫你的禱告……來到福爾摩沙的我們，不就是被上帝交付了拯救迷羊的責任嗎！況且是整個臺南！

P075

我們是為主牧羊的僕人，即使有九十九隻在羊圈中安睡，牧羊人也要出發，前往荒山野嶺，拯救迷失的那隻羊……！

P076

巴克禮 抱歉，把你連累進來了。

宋忠堅 不會的，巴牧師你說的很有道理，這是上帝給我們的任務啊。

轎夫1 要抬這兩個紅毛番去哪？

轎夫2 日本軍那。

巴克禮 沒錯……？

轎夫 下來。

宋忠堅 怎麼了嗎？

轎夫 誰要去送死啊！給多少錢都不幹！不做了、不做了！

巴克禮 **宋忠堅** （這些漢人！）

宋忠堅 只能用走的了……（上帝的考驗啊……）

P077

聖詩 我雖走過死蔭幽谷，也必不怕遭害……

巴克禮 已經離臺南很遠了……（還是會擔心信徒的安全……若漢人趁

機殺害他們的話怎麼辦?)

……相信上帝吧!祂一定會有安排的!我們再唱下一首歌吧,宋牧師!

宋忠堅 好。

日本兵 站住!放下你們的武器!不准再往前一步!(日語)

P078

巴克禮
宋忠堅 日本兵!

巴克禮 我們是英國人!

宋忠堅 不要開槍!

巴克禮 你會說英語嗎?

日本兵 English?!これわ…NO!NO!

想當然的,我們馬上遇到了語言問題。

日本兵 GO!GO!

但是上帝的安排很奇妙,那士兵帶我們回營地,是個被占領的大房子。

記者 需要幫忙翻譯嗎?

P079

巴克禮 您會說英語!

宋忠堅 太好了!

竟然有位會說英語的日本記者坐在裡面!我們馬上傳達了帶來的訊息。

巴克禮 這些是臺南人的請願書,黑旗軍首領劉永福已經從安平逃跑了!

日本軍官 馬上發電報跟將軍報告。

日本兵 是。

日本軍官 另外也發一份去港口確認。

日本兵 是。

接下來的一切就如同上帝安排好的劇本,休息後,我們被帶去見日軍的將領。

日本兵 打擾了,這兩位英國人是臺南來的和平使。

P080

日本兵 乃木希典將軍。

乃木希典 我聽說了!歡迎!

想請問你們是否願意帶領日軍進入臺南?

宋忠堅 那當然!

巴克禮 這正是我們來此的目的!

一切順利地不可思議。

註2:實際上被士兵帶去見乃木將軍的只有巴克禮一人,其他人被留在二層行溪北岸,於此澄清。

P081

乃木希典 (——如果願意和平投降,任何人都不會受到傷害,但只要有人抵抗,我就會血洗臺南城。)

巴克禮 我一定會把這個訊息告訴所有人的!

宋忠堅 晚點見了巴牧師!

巴克禮先騎馬回城傳達將軍訊息,並打開所有的城門。宋忠堅牧師則與日軍一起前往臺南。

宋忠堅 (也就是當人質啊!)

十月二十一日早上

宋忠堅 (看到臺南城了……)

(等等……城門為什麼是關著的?!不是說要打開所有城門嗎?難道那些漢人又……該不會先回來的巴克禮也……)

P082

市民 我們按照約定不作任何抵抗,請不要傷害任何市民,接管臺南吧!

P083

宋忠堅（太好啦巴克禮！感謝上帝啊啊啊！）

日軍順利地進入了臺南，就和說好的一樣，沒有任何人抵抗。

宋忠堅（都幫忙帶到官府來了……應該可以回教區了吧。）

紳商 請等一下牧師！

宋忠堅 啊？

紳商 這是我的拜帖！我是個普通商人！

我也是！請幫我跟日本說些好話吧牧師！

我的也麻煩了，牧師！

P 084

宋忠堅（這些仕紳……不就是之前煽動民眾包圍教區的那些傢伙嗎……）

巴克禮（要愛你的仇敵。）

宋忠堅 巴克禮牧師……您真是個親身實踐信仰的人啊。

在那之後宋忠堅平安地回到教區，所有信徒都安然無事。

宋忠堅 大家！

信徒 宋牧師！

宋牧師也回來了！

您沒事吧！

臺灣從此正式進入日本時代。

註3：一八九五年，背景處的太平境禮拜堂尚未建立，於此澄清。

P 085

巴克禮 一切都有上帝的帶領……外面在吵什麼？怎麼又來?!

市民 牧師！那些日本人拿走我家的東西！

我的門被拆了啊！

有日本軍人強住我家！

您快去跟日本政府說叫他們管管軍人啊！

巴克禮 這是……

市民 牧師！

拜託牧師了！

巴克禮 竟然跑來跟我投訴……這應該能算是被福爾摩沙人給信任了吧。（雖然不會講日語，但以後應該有得忙了呢。）

V 跨越黑夜的英國和平使 end

P 086

「旭日章（勳五等）」

事件結束後，日本贈送巴克禮與宋忠堅獎勵其義行，而福爾摩沙人則贈送他們感謝書軸。

VI God knows the reasons

P 088

進入日治時代後，基督徒身分不再是種不利條件，教會獲得了前所未有過的聲望，不過，就算換成說另一種語言的政權，我亦未曾停止推廣白話字。

信徒 欸，信耶穌真的很好，來啦來啦！

民眾 好？教會除了唱詩禱告還能做什麼？

巴克禮 還能上課學認字哦。臺灣人要說自己的母語，也要會讀會寫，來教會啦，我的白話字班能教你們學會自己的母語！如果對數學和科學有興趣，我也能教你！

不僅信仰，教會應該也要教導信徒科學與現代知識，這些都能讓教會的根基更加穩固。

P 089

在為教會打下紮實基礎後，我的人生卻出現了天搖地動……

一九〇八年・英國

醫生 夫人的病情嚴重，剩下的時間不多……也許剩幾個月而已，建議兩位留在英國，讓夫人專心養病。

巴克禮 伊莉莎白……

巴克禮夫妻返英休假時，卻發現伊莉莎白必須接受重大手術。一開始以為手術是成功的，隔年卻又惡化……

伊莉莎白 巴克禮……我要跟你回福爾摩沙。

P090

伊莉莎白 上帝派你到福爾摩沙服事，你總是說你的長腿適合走那裡的山路，我想跟你一起回去，這次換你帶我走了。

照著伊莉莎白的心願，兩人於一九〇九啟程。取道西伯利亞，到達上海，但她沒能撐到福爾摩沙，就在七月十一日過世了。將她葬在上海後，巴克禮隻身返回了臺灣。

P091

十七年的婚姻結束得太突然，再度踏上福爾摩沙的陸地時，竟然像回到三十年前剛來臺灣那般：孤身一人，受盡逼迫卻無人能傾訴，只能藉由祈禱苦撐下去。世界突然暗了下來，無法看清前方的路途。

信徒 巴牧師！

P092

信徒 好久不見！您從老家回來了嗎！

啊是巴牧師！

我家小孩出生了！等您回來為他受洗！

啊是巴牧師好久不見！

巴牧師！

啊……是啊，雖然還是會有人叫我紅毛番，但現在有更多人會叫我巴牧師。

信徒 巴牧師！您平安回來太好了！

我們等您很久了！

我們聽說夫人的事情了。

夫人是那麼完美的人……

我們想為她舉辦追思會！

不過請您先安心休息吧！

約伯失去了一切，尚且沒有怨歎上帝，我剛來到福爾摩沙時一無所有，如今擁有的，卻是無比豐富。

信徒 歡迎回來，巴牧師！

歡迎！

巴克禮 ……我回來了，福爾摩沙。

P093

這些年我為了教會的基礎所做的這些事，在接到上帝派給的新任務時，讓我明白一切都是祂所安排好的。

教會人員 您在福爾摩沙傳道、教書這麼多年，不僅深諳聖經，更懂臺灣話，沒有任何人比您更適合負責廈門音聖經的修譯工作了，巴克禮牧師！

而這也是我此生最大的心願……為臺灣留下一本「母語聖經」，我將把剩餘的生命都投入修譯工作，而之後沒說完的故事，就交由年輕的後輩來續寫。

VI God knows the reasons end

P 094

「廈門音羅馬字聖經修譯」

一八七三年已由一群宣教師將「新約」翻譯成廈門話，大英聖書公會則是在一八八四年出版完整的廈門音羅馬字聖經，但其內容有許多瑕疵。

翻譯者必須同時精通閩南語，也要看得懂希伯來文、希臘文，才能勝任此項工作。

巴克禮在三位漢人牧師協助下從一九一三年四月十一日開始，至一九一四年十月二日完成新約修譯工作。同時間他也進行著《廈英大辭典》的增補工作。

杜氏《廈英大辭典》原版為杜嘉德博士於一八七三年出版的廈門字典，由於缺乏許多現代新詞彙，在一九一三年至一九二三年間，巴克禮進行著增補版的工作，其詳盡程度讓增補版竟然厚達原本字典的一半！

VII 最後的任務

P 096

當時宣教師大多都有個習慣，會在袖子中放一本小筆記，遇到事情時就能馬上記下來，是非常實用的隨身筆記。巴克禮自然也有這樣的習慣……

民眾 我說他們就是群羅漢腳啊。

巴克禮 羅漢腳？這是什麼意思，請告訴我吧！

民眾 啊，就是單身的男子……

他會記錄沒聽過的詞彙，無論意思好壞或有無意義，一概記錄。

P 097

巴克禮 抱歉打擾，請問你們剛剛說的那個詞是什麼？

民眾 啊巴牧師！

大家都很習慣他的這個動作，年復一年，巴克禮蒐集的筆記與字詞越來越多；加上開班授業與長年傳教累積的經驗，很少有宣教師能像巴克禮一樣同時深諳臺語和聖經解譯！

另外，被派來中國的宣教師可說是人手一本杜嘉德博士的廈英辭典，但這本辭典是四十年前出版的，很多現代新詞彙無法找到，急需補增。

宣教師 1 找不到……

宣教師 2 這個字到底要怎麼講？

P 098

大家一致覺得，沒有人比他更適合為廈門音聖經再次做翻譯校正的工作。於是，在漢人牧師們的協助下，巴克禮於一九一三年開始這項浩大的工程。他先完成了廈門音聖經的修譯，同時進行杜氏辭典的補註……

蒐集數據，用其得出新的結果，猶如年輕時他和摯友們做的實驗那樣，巴克禮全心投入在這些繁瑣的工作裡……

P 099

在我的印象中，從認識巴克禮那天開始……他就是個工作狂。

萬榮華 哇～今天也還是一樣在熬夜呢……

（他不用睡覺嗎？）

也許是學者出身，讓他非常投注在這份工作上，都八十歲的人了，竟然可以一天工作八小時……

我負責長老教中學的大小事務，其他牧師則會幫忙照顧各教會和神學院，讓巴克禮能夠專心進行交付予他的修譯工作……啊，對了！

P100

忘記自我介紹了！平安，我是萬榮華，一八八六年生，被派來臺灣時已是日本時代。

> 萬榮華 Edward Band
> 長榮中學校長，同時也是長老教派駐臺灣的宣教師

一九一二年來臺時，高金聲牧師便指了長榮中學預定地給我看。

高金聲 那裡就是我們未來教育孩子的地方。

我隨即到日本，學了兩年日文後，回臺灣接任校長。

萬榮華 尼好窩是婉容華……窩來自英國，喜翻踢球……

不過這次我並沒有要交代教育的成績，而是用我的筆去記錄一位偉大前輩的事蹟。

P101

巴克禮 噢，年輕人你也有一雙長腿！

萬榮華 啊沒錯，所以我大學是踢足球的（英國劍橋大學足球隊隊長）！

巴克禮 這樣啊～我的長腿則是用來走福爾摩沙的山路呢！

你來臺灣時剛好跟我來的時候一樣，都是二十六歲啊！真懷念啊，已經五十年呢，人們總說第一個五十年是最難熬的啊……CHECK！

※：CHECK：西洋棋中將軍之意。

萬榮華 啊！

我時常去找這位前輩聊天，他從不吝於建議，是位非常和藹、幽默風趣的學者。

P102

我也曾跟他一起去日本旅行度假……

萬榮華 火車雖然方便但就是慢了些啊～

巴克禮 呵呵，那不然我們來聊聊吧……你看過相對論了對吧？在廣義版本中提到了重力……

萬榮華 你很難相信他是個高齡八十的老人！他的身體硬朗，總是樂觀溫和地對待所有人與事，不會拒絕任何一杯茶的邀請，對我和很多人來說，他就是個用身體實踐信仰的前輩！

萬榮華 前輩等等我啊！

P103

一九一三～一九三三年，他完成了新舊約的修譯，回英國時還擔任英國的總會議長，拿到榮譽神學博士學位，以及許許多多說不完的事蹟。

當日軍轟炸上海時，負責印聖經的商務印刷館連同修譯原稿一起被炸毀……在福爾摩沙的眾人都因為這個噩耗而感到震驚不已時……

巴克禮 啊啊還好我有一份備存呢！

眾人（什麼時候的事?!）

他就是個即使中風，需要坐輪椅行動，甚至無法說話；也還是堅持為神學生們上課的強人……

萬榮華 巴克禮前輩……

P 104

萬榮華 您走了之後的這五年，大家陸續被日本人逼離開福爾摩沙……長榮中學、教區都交給了他們……

一九四〇年十一月

萬榮華 因為日本推行的反英美運動日漸激烈，現在，我為教會的財產寫完「遺囑」（教會財產安置計畫）後也得離開……我離開以後，就代表臺灣不再有任何一位宣教師，學生還有信徒，以及福爾摩沙的教會……他們該怎麼辦？

P 105

萬榮華 您大概未曾想過日本政府會推行皇民化運動，強制福爾摩沙人說日語……他們要讓福爾摩沙人忘記自己的「母語」，直到嬰兒也在搖籃中說著日本話吧……現在的教會就像棵大樹，即使根基再如何牢固……終究是被帝國的斧頭給砍倒了。

懷抱著感傷的心情，萬榮華於一九四〇年十一月二十二日離臺返英，成為長老教最後一名離開臺灣的宣教師。

VII 最後的任務 end

P 106

「基督教公墓」

巴克禮原來葬於位於北邊的基督徒公墓，後因日本人覺得搭火車進臺南時，就先看到一批墳墓頗不吉利，因而將整批墓遷移到現今的南山公墓。

※：日本時代地圖與現今google map重疊

尾聲

P 108

一九四一年・臺南

男子 帥哥，你畫得真不錯！牧師行館被你畫得好美！

畫家 啊，謝謝！

你們剛剛說這棟叫做牧師行館嗎？

男子 對啊，以前這裡住著幾個英國來的基督教牧師，你看那個斜坡，就是為了讓中風的老牧師坐輪椅進出而蓋的呢！那個老牧師很厲害喔！幾十年前日本人剛來臺灣時，他代替臺南人去跟日軍交涉咧！所以臺南才沒發生事情。

畫家 真厲害啊，他還住在這裡嗎？

男子 老牧師前幾年過世了，剩下的英國牧師也都被日本人趕回去囉！

P 109

男子 老牧師本來葬在臺南市郊三分子的基督教公墓，不過日本人嫌火車進城就看到一堆墳墓，於是把那些基督徒墓都移到南邊啦。

如果老牧師看到你把這畫得這麼漂亮一定會很高興。帥哥，你叫什麼名字？

畫家 啊，我叫陳澄波！

接著又過了幾年，二戰結束後，政權再次轉移……

P110

一九四七年，發生了二二八事件，陳澄波與其他十一名二二八處理委員會成員前去找政府官員，作為和平使，希望能夠與軍隊協商，就如當年巴克禮為府城居民做的……但這次的結局不一樣了。

P111

新政權：國民黨政府也推行說國語運動，把在地的語言打成方言，禁止人民使用。知識分子們再次成為文盲，有口難開。

教會自然也無法避免。

一九八七年

教會人員 為什麼沒收我們的公報?!

這是教會的財產啊！

因為刊登了二二八事件（《那一年，寄不出去的教會公報》活路第四期），警備總部直接到公報社沒收了公報……

臺灣人牧師為了爭取宗教自由，開始帶領信徒走上街頭，長老教教會與臺灣的民主化運動也從此出現了連結。

P112

那時的教會認為臺灣若能民主化，對教會長遠發展來說是好事，因此，雖然沒有強力介入，但是在許多被極權迫害的人們周圍，都能發現教會提供協助、陪伴的痕跡。

一九八〇《林宅血案》

教會也陸續發表聲明與呼籲，來支持臺灣的自由與民主。

長老教會一九七一年「國是聲明」、一九七五年「我們的呼籲」、一九七七年「人權宣言」

P113

在紮實的根基與教育機構的支撐下，福爾摩沙的教會能夠訓練出本土的各族群牧師，繼續自養、自傳，教會持續運轉，信徒的數量也能逐年增加。經過多年風雨，解嚴後的現今，依然能看到長老教會靜靜佇立在這座島的各個角落，無論是白話字聖經，還是原住民聖經，都依然被使用著。

P114

他們用盡心力，在磐石根基上栽種起樹苗，輪流灌溉施肥。大樹以綠蔭及果實吸引眾人與飛鳥，經過戰爭試煉、時代挑戰，和政權的打擊之下，

P115

它曾熊熊燃燒，化成灰燼像是死去，然後再次冒出新芽……

——焚而不燬。

END

臺文參考資料

「台灣白話字文獻館」

https://pse.is/3yumrp

收錄自1885至1969年間所有《臺灣府城教會報》報紙內容，有「漢字和羅馬字」並列版，方便閱讀。